슈퍼노멀의 길을 선택한

_____ 님께

당신의
하루를 응원합니다.

주언규

슈퍼노멀

슈퍼노멀

SUPER NORMAL

주언규 지음

폭발적 성과를 만드는 평범한 사람들

웅진 지식하우스

SUPER

[명사, 동사에서] 상부의, 위에

평범의 범주에서

NORMAL

(명사) 보통, 평범, 정상

상단에 속한 사람들

슈퍼
노멀

금수저도, 상식 밖의 천재도 아닌데 평범함의 범주 안에서 잘
먹고 잘사는 사람들. 나는 이런 사람들을 '슈퍼노멀'이라 부른
다. 슈퍼노멀은 사회 도처에 있다. 버스나 지하철 안에도, 도서
관에도, 길거리에도 있다. 자신의 성취를 티 내지 않는 슈퍼노
멀들은 정말로 평범한 사람의 얼굴을 하고 있다.

나도 그들을 닮고 싶었다. 한때 나는 그런 사람들을 붙잡고 물어보고, 부탁하고, 애원하며 슈퍼노멀이 되는 방법론을 구성했다. 이러한 방식을 적용하며 살아온 지 9년의 시간이 흘렀다. 그간의 결과는 너무나도 성공적이었다. 나는 확실히 슈퍼노멀이 되었다.

나는 슈퍼노멀로 향하는 방법론을 다른 이들에게도 직접 교육하고 적용하여 좋은 결과를 만들어냈다.

나처럼 평범한 사람이었던 그들도 슈퍼노멀 방법론을 적용해 각자 자기 분야에서 최고의 성과를 내고 자신들의 사업을 하고 있다.

이 책은 막연한 목표와 마인드에 대해 이야기하지 않는다. 삶의 방향을 완전히 바꿀 수 있는 구체적인 실천 방향을 담고 있다.

이 책의 내용을 모두 이해하고 실천한다면 당신도 좋은 결과를 낼 가능성이 매우 크다고 생각한다. 여기에 나, 친구, 직원이 보통 사람에서 '뛰어난 보통 사람'으로 성장할 수 있었던 모든 원리와 과정을 풀어냈으니까.

이 책을 읽은 당신의 인생이 어떻게 변화할지 궁금하다.

슈퍼노멀의 자리에 도달한

당신을 만나고 싶다.

성공하는 삶을 꿈꾸는
아주 보통의 사람들에게

이제 내 인생은 망했다고 생각했다.

여기저기서 쉴 새 없이 오는 전화와 문자를 피하려고 전화기를 껐다. 내가 얼마나 망했는지 사람들이 확인하려는 것 같았기 때문이다. 막 성장 궤도에 오른 사업을 접기로 했다. 매일같이 수억 원씩 여기저기 위약금을 물어줘야 하는 상황에 숨이 막혀왔다. 더 숨통을 조이는 건 지금껏 나를 믿어준 직원들을 내보내야 할 때였다. 현금 흐름이 끊겼기에 월급을 주기 힘들다는 말을 꺼낼 때는 도무지 입이 떨어지지 않았다. 그래도 언젠가 꼭 다시 부를 테니 믿어달라고, 제발 도와달라고 부탁했다. 예전 영상을 찾아서 멍하니 들여다보았다. 옛날 유튜브 채널 속 자신감 넘치던 주언규와 지금의 주언규는 완전히 다른 사람 같았다. 근육을 쓰지 않으면 모든 근육이 기능을 잃는다. 이제는 유튜브 영상을 어떻게 만드는지 기억나지 않았다. 그렇게 나의 '컴포트존Comfort Zone', 즉 안전지대가 점점 좁아지고 있었다.*

컴포트존(안전지대)이란 한 개인이 편안함과 쾌적함을 느끼는 영역을 말한다. 나는 이번 일을 겪으면서 안전지대의 크기가 고정되어 있지 않음을 깨달았다. 자신감 넘치던 시절, 유튜브나 인스타그램에 책 리뷰 영상을 올릴 때는 미처 알지 못했던 일이다. 확신에 가득 차 있던 그때의 안전지대는 지금보다도 훨씬 넓었다. 내 곁에는 날 응원해주는 가족이 있었고, 언제든 기댈 수 있는 동료들이 있었다. 또 나는 늘 잘해낼 수 있다는 자신감이 있었다. 그러나 일이 잘못되어 간다는 사실을 깨닫는 순간부터 안전지대의 영역은 확장을 멈추고 이내 구석에 몰려 쪼그라들기 시작했다. 그렇게 〈더 글로리〉나 〈카지노〉 같은 드라마

* '컴포트존'이란 『1만 시간의 재발견』의 저자 안데르스 에릭손이 가장 먼저 창안한 개념이며, 이후 말콤 글래드웰의 『아웃라이어』라는 책에 다시 한번 언급되었다.

를 정신적 마취제로 활용하며 계속해서 무너지는 현실을 외면할 뿐이었다.

이대로 망할 수는 없다고 생각했다.

나는 무엇이라도 하려고 발버둥치기 시작했다. 그때부터 틈만 나면 지금 내게 벌어지고 있는 일들과 잡다한 생각들, 앞으로의 계획 등을 적는 데 골몰했다. 특히 '남 탓'을 한다거나 나를 자책하지 않으려 했다. 나를 원망하는 건 그래도 낫다. 타인에게 화살을 돌려 '남 탓'만 하는 게 최악이다. 남 탓으로 지킬 수 있는 것은 아무것도 없기 때문이다. 나 하나만 바라보는 가족과 '언젠가 다시 부르겠다'고 약속한 직원들을 지킬 수 없다면, 내 인생은 정말로 망가질 것이다. 나는 '누구 탓'을 멈추기로 했다.

넷플릭스를 끄고 무작정 수영장에 나간 것도 그즈음이다. 처음에 내 실력은 그저 '동네 아저씨'가 헤엄치는 수준에 지나지 않았다. 나는 내가 원하는 페이스대로 내가 원하는 기록을 세워보기로 결심하고 매일같이 수영장에서 서너 시간씩 훈련을 받았다. 손을 휘젓는 횟수를 세고, 턴을 하거나 발차기를 하고 물을 밀어내는 방법을 익혔다.

레인을 오갈 때마다 시간을 체크하고 호흡하는 횟수를 줄이기 위해 폐활량 훈련도 했다. 체계적인 강습을 받으면서 기량을 올리려고 안간힘을 썼다. 이런 나를 보며 사람들은 의아해했다. 왜 잘하지도 못하는 수영에 목숨이라도 건 듯이 달려드느냐고 물었다. 그들에게는 내가 더는 숨을 곳이 없으니 이제 수면 아래로 숨으려고 하는구나, 그렇게 보였으리라.

물론 수영은 '잡생각'을 사라지게 해준다. 수면 아래서 너무 숨이 차면 '숨 쉬고 싶다'는 단 하나의 생존 본능만이 나를 움직일 뿐, 그 어떤 것도 나를 괴롭히지 못한다. 그런데 수영이 나에게 알려준 또 하나의 진실이 있다. 동네 아저씨 정도의 형편없는 실력도 몇 시간씩 체계적이고 고된 훈련을 받으며 노력하니 훨씬 나아지더라는 것이다. 나는 분명 수영의 영역에서는 '성장'하고 있었다. 모든 것이 멈추고 이제는 망했다고 생각했지만 분명 나는 어느 부분에서는 (그것이 사업과는 별 관련 없어 보이는 수영일지라도) 성장을 이뤄내고 있었다.

아무것도 끝나지 않았다. 나의 내면은 당장 한껏 쪼그라든 '안전지대'를 박차고 나와야 한다고 외치고 있었다.

안전지대에서 한 걸음 떼야 '성장'이 찾아온다.

그리고 그 '성장'은 체계적인 훈련을 통해 이룰 수 있다.

바깥에서뿐만 아니라 물속에서도 아무것도 못 할 것 같았던 내가 연습과 훈련을 통해 어느새 멋진 수영 실력을 갖추게 되었다. 나는 지금의 나를 여기까지 끌고 온 동력이 무엇인지에 대한 답을 수영 연습에서 찾았다.

안전지대에서 벗어나 '그로스존Growth Zone', 즉 성장지대에 들어서면 누구나 멍청한 사람으로 비춰지기 마련이다. 잘 못하는 것을 계속하기 때문이다. '음치'가 매일 노래를 부르면 사람들은 그를 괴짜로 여길 것이다. 춤을 못 추는 사람이 유튜브에 춤추는 영상을 매일같이 올린다면 사람들은 혀를 끌끌 찰 것이다. 그러나 성장은 '잘하지 못하는 것을 계속하는' 그 순간에 시작된다. 오히려 잘하는 것만 계속하면서 안전지대에 머무른다면, 어느새 도태된 자신을 발견하게 될 것이다. 한심하다며 손가락질 받는 상황을 두려워할 필요가 없다는 생각이 들었다.

나는 한심하다는 듯 쳐다보는 주위의 시선에 개의치 않고 다시 성장지대에 들어서기로 결심했다. 방황하던 시간

동안 끄적여둔 수백 장의 메모를 펼쳐서 이 책을 집필하기 시작했다. 지금까지 어떻게 안전지대에서 벗어나 성장지대로 향할 수 있었는지, 어떤 식으로 나를 훈련하고 단련했는지 귀납적인 관점에서 체계를 잡았다. 그리고 내가 거듭한 크고 작은 성공들에는 일정한 프로세스가 있음을 도출해내게 되었다. 나는 이 방식을 다시 한번 나의 삶에 적용하여 '반복 성공'을 꾀할 작정이다.

생각해보면 나도 어떤 일이든 처음에는 '바보' 소리를 들으며 시작해왔다. 그것이 무슨 일이든 긍정적인 응원보다 부정적인 의견이 압도적으로 많았다. 나에게 특별한 재능이 있다거나, 학벌이 좋다거나, 집안이 부유했다면, 하여간 특출한 게 뭐 하나라도 있었다면 세상은 나를 더 밀어줬을지도 모른다. 평범한 직장인에 지나지 않는 주언규의 성공을 믿어주는 사람은 그다지 많지 않았다. 그러나 바보 같다는 말을 들으면서도 멈추지 않으니, 어느 순간 안전지대에서 벗어나 성장지대에 진입하게 되었다. 평범한 직장인에서 스마트스토어를 성공시킨 온라인 스토어 판매자로, 그리고 180만 유튜브 채널 운영자로, 다시 IT 시장에 뛰어든 사업가로…. 어느 수준까지는 뛰어난 사람으로 불리게 되었다.

연습과 훈련은 사람을 어느 정도로 (꽤 뛰어난 수준으로) 성장시켜준다. 내가 체계적인 훈련을 받으며 피나는 연습을 한다고 해서 국가대표 수영 선수가 될 수는 없지만, 동네 수영장에서 눈길을 끄는 정도의 실력까지는 갖출 수 있다. 나는 이 정도로 뛰어난 사람을 '슈퍼노멀'이라고 부른다. 평범한 수준에서 매우 탁월한 정도에 이르는 법, 나는 그 훈련과 연습의 법칙을 절망 속에서 써내려갔다. 한마디로 이 책에는 슈퍼노멀이 되는 법이 담겨 있다.

지금 있는 그 자리에 머물러도 좋다. 하지만 몸을 쓰지 않을수록 근력을 잃게 되듯이 당신의 안전지대는 필연적으로 점차 좁아질 것이다. 주변 사람들과 내면의 자아는 매 순간 당신에게 이렇게 속삭일 것이다.

'그래, 거기에 머무르는 것만으로도 괜찮아. 넌 사랑받을 자격이 있고 가치 있는 존재야.'

이런 말들에 안주하며 계속 안전지대에 머무르는 쪽을 선택해도 괜찮다. 하지만 나는 달콤한 위로를 떨쳐내고 '성장'할 때의 불편한 감정을 동력 삼아 앞으로 나아가는 길을 택했다. 지금 그 자리에 머무르는 것이 과연 안정을 보장해줄까? 어쩌면 당신을 위로하고 응원하던 사람들도 한자리에 머무른 당신을 보며 언젠가 떠나갈지도 모른다. 계속 주저앉아 울기만 하는 아이를 예뻐만 하는 부모는 (혹시 있을지도 모르지만) 없기 때문이다.

당신의 성장을 응원한다.

2023년 8월
다시 성장지대로
한 발을 뗀 주언규가

차례

1부

앞서나가는 프로세스를 깨우친 평범한 사람

2부

평범의 극단으로 향하는
슈퍼노멀 프로세스

3부   슈퍼노멀,
그 이상을 넘보다

SUPER

앞서나가는
프로세스를
깨우친
평범한 사람

NORMAL

'평범한 사람도 부자가 될 수 있을까?'

한때 나는 이 물음에 '아니요'라고 답하기 위해 살았던 적이 있다. 경제 방송국의 프로듀서로 일하던 시절이었다. 그때 나는 경이로울 정도로 많은 돈을 벌어들인 사람들의 사례를 계속해서 찾아다녔다. 그들의 '특별한 면'을 영웅적 이야기로 포장해 방송에 풀어내어 높은 시청률을 끌어내려고 최선을 다했다.

그러나 인터뷰를 거듭할수록 나는 깊은 고민에 빠질 수밖에 없었다. 그들에게서 영웅적인 면모를 발견하기가 정말 쉽지 않았기 때문이다. 자수성가한 부자들을 만날수록 뭔가 전제부터 잘못되었다는 생각이 들었다. 바로 '큰돈을 번 사람들은 천재적이고 분명 특별한 면이 있다.'라는 전제 말이다. 방송을 위한 인위적인 연출이나 꾸며냄 없이 그들의 천재적인 면모를 부각하기란 무척 어려웠다.

극적인 연출이 없는 방송은 좋은 반응을 얻기 어렵다. 나는 결국 '슈퍼 히어로'를 찾는 데 실패했고, 방송은 망했다. 그러나 한 가지 얻은 게 있었다.

'혹시 진정한 가치는 평범함에 있는 게 아닐까?'

지금껏 한 번도 생각해보지 않았던 이러한 질문에 이르게 된 것이다. 그때부터는 방송을 위한 인터뷰가 아니라 나 자신의 인생을 바꾸기 위해 진심을 담은 질문을 던지기 시작했다. 그리고 그 답에서 얻은 모든 것을 내 삶에 그대로 적용했다.

'평범한 사람도 부자가 될 수 있을까?'

시간이 흘러, 다시 이 질문에 맞닥뜨렸을 때 나는 '그렇다'라고 분명히 대답할 수 있었다.

한 달에 수천만 원을 벌어들이며 수십억 원의 자산을 쌓은 사람들이 지하철 한두 칸에 한 명씩은 있다. 그들은 금수저를 물고 태어난 것도, 상식을 벗어난 천재도 아니다. 우리와 동일한 평범함의 범주 안에 있는 듯하지만 알고 보면 앞서나가는 사람들. 나는 이들을 '슈퍼노멀'이라고 부른다.

나는 유튜브를 운영하고 사업을 하며 수많은 슈퍼노멀을 만났다. 그리고 수많은 인터뷰와 관찰 등의 연구를 통해 깨닫게 되었다. 천재가 아닌 보통 사람들이 일정한 프로세스를 밟으며 부와 성공을 거머쥐고 슈퍼노멀로 거듭난다는 사실을 말이다. 나 또한 그들에게 배운 방식을 적용하며 살아오다 보니, 감사하게도 슈퍼노멀의 대열에 들어서게 되었다. 엄청난 것은 아니지만 30대의 나이에 100억 원대의 자산을 쌓았고, 180만 구독자의 유튜브 채널을 키워 20억 원에 매각했으며, 지금은 매달 걱정 없이 살 정도의 경제적 안정을 이루었기 때문이다. 누군가는 이 정도의 성과를 대단하다고 치켜세우겠지만 나는 내가 머무는 이 영역이 '뛰어난 보통 사람의 영역'임을 잘 알고 있다.

이제 그 프로세스에 대해 이야기하려고 한다. 나 같은 평범한 사람이 자본주의사회에서 살아남는 길, 슈퍼노멀의 프로세스를 말이다. 지금부터 월 소득 160만 원의 직장인에서 오늘에 이르기까지 내가 어떤 프로세스를 적용해왔는지 가감 없이 고백하고 싶다.

20만 원짜리 인생으로 남고 싶지 않았다

짝!

빰을 후려치는 소리가 회사를 울렸다. 회사 선배의 손바닥이 후려친 것은 내 뺨이자 내 자존심이었다.

"석사가 아무것도 아니야? 대학원이 우스워 보여?"

선배는 나를 노려보며 그렇게 외쳤다. 그 순간 정말로 우스웠던 것은, 나는 선배를 한 번도 우습게 생각하거나 무시한 적이 없다는 사실이다. 나는 그저 사무실에서 일을 하고 있었을 뿐, 선배의 학력에는 전혀 관심이 없었다. 아마 선배는 어디선가 무시를 당하고 들어와서는 술김에 가장 만만했던 내게 화풀이를 한 것이리라.

한동안 정신을 차릴 수 없었다. 뺨은 화끈거렸고 회사에서의 내 위치는 너무나도 분명해졌다. 나라는 존재는 어디선가 무시를 당하고 온 사람에게조차 무시당하는, 그야말로 회사에서 가장 밑바닥에 있는 존재였던 것이다. 직장 생활을 시작한 지 얼마 되지 않은, 30대 초반의 일이었다.

첫 직장이었던 경제 방송사에서 나는 누구보다 열심히 일했다고 자부한다. 새벽 방송을 맡은 메인 PD로서, 작가와 아나운서를 포함한 3인의 작은 팀을 이끌었다. 신입 PD임에도 기대 이상으로 잘 해냈다. 방송 프로그램을 매끄럽게 이끈 것은 물론이고, '협찬'도 여러 군데서 받아오며 수익을 냈기 때문이다. 영어 한마디 못 하는데도 시카고 상품거래소와 싱가포르 거래소 등에 수십 번 접촉하여 광고를 받아냈다. 다른 PD가 선뜻 시도하지 않았던 눈에 띄는 성과였다. 그러나 정작 돌아온 건 매해 호봉제에 따라 약간씩 오르는 월급과 동료들의 핀잔이었다.

"인마, 너 때문에 나한테까지 일 들어왔잖아. 오버하지 말고 적당히 좀 해."

"누가 보면 이 세상 일 네가 다 하는 줄 알겠다."

심지어 몇몇 선배들은 나를 포함한 후배들 앞에서 아무렇지도 않게 이런 말을 내뱉었다.

"PD는 아무리 열심히 해도 승진 못 해. 승진하려면 기자로 들어왔어야지."

나의 노력, 더 나아가 내 존재 자체를 무시하는 곳에서 나는 아무 의미 없이 발버둥 치고 있었다. 아무리 열심히 해도 인생이 더 나아질 리 없다는 패배 의식 가득한 곳에서 그렇지 않아도 얼마 남지 않은 자존감이 무참히 짓밟히고 있었다. 나는 분해서 눈물이 났다. 노력할 필요조차 없고 속수무책으로 당하는 수밖에 없다고 말하는 사람들과 같은 회사에 다니고 싶지 않았다. 이것이 내가 그동안 말하지 못했던 퇴사의 진짜 이유다. 가난했고, 돈이 간절히 필요했지만 단순히 그런 이유만으로 퇴사를 마음먹었던 것은 아니다. 경제적 자유? 그런 이유도 떠올렸던 것 같지만 몇 번째인지 알기 힘들 정도의 위치에 있었다.

퇴사하고 나자, 나조차도 미처 깨닫지 못한 내 진짜 모습이 보였다. 나는 언제나 열심히 하는 태도, 매사에 진심인 모습을 사랑해왔다는 사실이다. 대학 시절에도, 회사에 입사한 뒤에도, 퇴사한 뒤에도 그랬다. 나는 실패에 굴하지 않는 태도를 사모한다. 그 어떤 슬픈 이야기를 들을 때보다도 무언가에 진심인 사람들을 볼 때 눈물이 난다. 어떠한 상황에서도 나는 진심이었다. 하다못해 대학 시절 24시간 중 14시간 이상 게임을 하며 밤을 지새웠을 때도 그랬다. 사람들은 전부 현실 세계로 떠났고, 우리 길드에

근태 내역						
			지급총액	공제총액		차감지급액
합계			2,009,080	317,070		1,692,010

▶ 급여는 작지만 희망에 부풀어 있던 신입사원 시절(왼쪽)의 사진과 이제는 직장에 대한 기대감이 전혀 없는 5년 차(오른쪽)의 사진. 1년 차 때 내가 받았던 월급은 160만 원대였다.

는 결국 나 혼자 남았다.

　무엇보다도 나는 노력 따위 소용없다고 말하는 사람에게 반격하고 싶었다. 방법을 찾고, 노력하고, 실행하면 할 수 있다는 것을 보여주고 싶었다. 나의 지난 시간들은 이를 증명하기 위해 끊임없이 노력해온 순간들이었다.

최근에 나는 큰 실패를 겪었다. 그럼에도 불구하고 포기하지 않는다. 포기하지 않는 사람들을 보면서 느끼는 뭉클한 감동을 내 아들에게도 느끼게 해주고 싶기 때문이다. 최선을 다하면서도 자상한 아버지이고 싶다. 언제까지도 지치지 않을 것처럼 보이는 평안한 얼굴로 최선을 다하는 바위 같은 아버지가 되어, 아들에게 온 마음을 다하는 삶을 알려주고 싶다.

그리고 이 책을 읽는 당신, 부족한 나의 글을 읽어주는 소중한 독자에게는 꼭 이 말을 전하고 싶다. 이 책이 나뿐만 아니라 '당신도' 해낼 수 있다는, 즉 우리 같은 평범한 사람도 해낼 수 있다는 반격의 시작점이 되기를⋯.

STAGE 2 : 전개
부자의 길을 선택하다

직장인으로 살면서 내가 겪었던 '가난'이 퇴사의 본질적인 이유는 아니었으나 퇴사의 트리거가 되기에는 충분했다. 신입사원 시절 내가 받은 월급은 기본급 160만 원대였다. 여기에 각종 수당을 합치면 매달 200만 원 정도를 손에 쥘 수 있었다. 엄청난 연봉 인상이나 성과급을 기대하기 힘든 현실에서 그 돈으로 먹고산다는 것이 어떤 의미인지 점차 선명해졌다. 일단 좋은 수준의 주거 환경을 전혀 기대할 수 없었다. 대학 시절부터 나를 믿어준 여자친구, 지금의 아내와 결혼하면서 가진 돈에 맞추어 신정동 오래된 빌라의 반지하를 신혼집으로 구할 수밖에 없었다.

볕이 잘 들지 않는 그 집은 모든 면에서 열악했다. 반지하 창문에 찾아드는 고양이나 따뜻한 곳을 찾아 모여드는 바퀴벌레는 귀여운 수준이었다. 그런 문제는 내가 해결할 수 있기 때문이다. 방음이 잘되지 않아서 다른 집 알람 소리, 심지어 화장실에서 볼일 보는 소리까지 들리는 것까지도 참을 만했다. 그러나 공동현관에 잠금장치가 없어서 현관문 바로 앞에 술 취한 사람이 소변을 누고 갈 때는 당장이라도 이사 가고 싶다는 생각이 솟구쳤다. 어느 날 아내는 햇빛도 잘 들지 않는 그 집을 어떻게든 꾸며보겠다며 인테리어 용품을 사 왔다. 그 소품들로 집을 꾸미던 아내를 보며 괜히 화를 냈던 기억이 난다.

"꾸민다고 뭐가 달라져? 쓸데없는 짓 좀 하지 마!"

속상해하던 아내의 표정이 아직까지도 마음에 남아 있다. 그때 나는 '햇빛'이 인테리어의 필수 요소임을 알게 되었다. 햇빛이 들지 않는 우리 집은 아무리 꾸며봐야 호박에 줄 긋기였다. 나는 아내에게 화가 난 것이 아니었다. 그런 집에서 살 수밖에 없는 내 처지가 답답했던 것이다.

그때는 저축 외에 달리 할 수 있는 게 없었다. 매달 고정비를 제외하고 꼬박 100만 원씩을 저축하며 20만 원의 여윳돈으로 삶을 꾸렸다. 그 돈으로 나를 위한 자기계발은 꿈도 꿀 수 없었고, 돈을 불리는 투자도 언감생심이었다. 무엇보다 내 아내와 아이도 '20만 원짜리 인생'을 살아야만 했다.

그렇게 몇 년을 살다가 문득 깨달았다. 월 100만 원씩 저축해 1년이면 1,200만 원, 10년을 모아봐야 1억 2천만 원. 오랜 시간 돈을 모아도 아파트는커녕 빌라도 사기 힘들 것이라는 사실을 말이다. 낡은 빌라 반지하 생활을 평생 벗어날 수 없을 것 같았다. 빛 하나 들지 않던 낡고 비좁은 반지하 신혼집을 어떻게든 꾸며보려던 아내의 모습

을, 내가 가장 보기 싫어했던 그 장면을 계속 보게 될 것
만 같았다.

돈이 필요했다. 돈만 있었다면 날 부당하게 대하는 회
사, 진작 때려치우고 나왔을 것이다. 그럼 나를 무시하는
선배 따위 만날 일도 없었겠지. 돈만 충분하다면 넓고 깨
끗하고 볕이 잘 드는 집을 아내와 함께 꾸미는 재미를 느
낄 수 있었으리라.

그렇다면 방법은 하나다. 부자가 되는 것. 다시는 누구
도 나를 무시하지 못하게 말이다. 아니, 애초에 나를 무시
하는 사람이나 가까이 하기 싫은 사람과는 얽히는 일조차
없을 정도로 꽤 많은 돈을 버는 것. 그것만이 답이었다. 그
렇게 나는 돈을 벌기로 '결심'했다.

STAGE 3 : 위기

첫 번째 시도,
마이너스 4천만 원의 굴레에 갇히다

2015년, 돈을 벌어보기로 마음먹은 뒤 '투자'와 '사업'이라

는 두 갈래 길에 섰다. 나는 투자에 시간을 쏟기보다 사업을 하기로 결정 내렸다. 그동안 경제 방송 PD로 일하면서 수많은 투자자를 접하며 오히려 투자에 대한 불신이 생겼기 때문이다. 당시 주식이나 부동산 '전문가'라고 자칭하는 이들을 많이 만났지만, 그들이 나중에 빚더미에 오른 것을 여러 번 목격했다. 심한 경우 사기 등으로 감옥에 가는 이들도 있었다. 게다가 나는 모은 돈도 그리 많지 않으니 당장 재테크로 돈을 벌기는 어렵겠다고 생각했다. 그러나 이 선택은 나에게 태어나서 처음 겪는 엄청난 고통을 가져다주었다.

만약 당신의 통장에 4천만 원이 입금된다면 그다음 날 당신의 인생에 얼마나 커다란 변화가 일어날까? 잠시 기분은 엄청나게 좋겠지만, 아마 달라지는 것은 딱히 없을 것이다. 하지만 같은 4천만 원이라도 그것이 '빚'이라면 이야기가 달라진다는 사실을 그때는 미처 몰랐다. 4천만 원의 빚이 생기면 인생은 빠르게 변화한다. 그것도 아주 나쁜 방향으로. 나는 처음 시작한 렌털 스튜디오 사업에서 큰 손실을 보면서 이러한 진리를 제대로 깨달았다.

처음 사업을 시작할 때는 나름 자신이 있었다. 방송사 PD를 하면서 각종 스튜디오를 이용했으니 나름의 접점이 있었고 임대료나 기타 비용 등을 제하고 어느 정도 이윤이 남겠다는 계산도 섰다. 출발은 수월했다. 내가 가진 4천만 원에 방송을 하면서 알게 된 동업자의 4천만 원을 더해 8천만 원의 자금으로 사업을 호기롭게 시작했다. 이익도 리스크도 함께 감당하기로 약속한 계약서를 쓰며 우리 둘은 한 배를 탔다. 우리는 유동 인구는 많지만 임대료가 비싼 홍대입구역 대신, 대흥역 앞에 있는 작은 건물을 선택했다. 낡은 건물을 계약하고 인테리어를 할 때까지는 이제 돈을 벌 수 있다는 꿈에 부풀어 있었다.

결론부터 말하면, 사업은 망했다. 진부한 표현으로 파리가 날렸다. 고객이 없는데 월세로 400만 원이 꼬박꼬박 빠져나가니 미칠 노릇이었다. 5년간의 직장 생활로 모은 전 재산 4천만 원과 동업자의 4천만 원까지 끌어들여 시작한 사업인데 정작 얻은 건 월세를 메우기 위한 200만 원의 마이너스였다. (나머지 200만 원은 동업자가 부담했다.) 월급을 다 털어 넣어도 수익률은 결국 마이너스를 찍기 시작했다.

그러던 어느 날, 동업자에게서 연락이 왔다. 자신은 이제 사업에서 빠질 테니 투자금 4천만 원을 고스란히 돌려달라는 것이었다.

"아니, 잘되면 같이 잘되고 망하면 같이 망하는 게 동업의 원칙이죠. 그런 법이 어디 있습니까? 계약서도 쓰지 않았습니까?"

나는 격하게 반응했지만 곧 진실을 알게 되었다. 사건은 재직 중이었던 방송사의 겸업 금지 조항에서 비롯되었다. 피고용인 신분의 나는 아내 명의로 사업을 시작할 수밖에 없었다. 그런데 사업이 뜻대로 풀리지 않자, 동업자가 아내를 데리고 법무사 사무실을 찾아가 그에게 유리한 쪽으로 공증을 받아두었던 것이다. 동업자 관계는 그 종이 한 장으로 한순간에 채권자와 채무자 관계가 되어 있었고, 말 그대로 나는 이 사업의 투자금을 모두 동업자에게 돌려주어야 하는 상황에 처하고 말았다.

○는 지금 당장 △에게 1천만 원을 입금하고, 현재 보증금으로 묶

여 있는 투자금의 차액 3천만 원은 계약이 종료되는 날 바로 입금한다.

채무 이행 합의서를 받은 날의 충격을 여전히 생생하게 기억한다. 뒤늦게 아내에게 화를 내도 소용없었다. 당시 20대였던 아내는 사업에 완전히 문외한이었고 잘못이 있다면 내가 동업자를 믿은 것뿐이었다. 임신한 몸으로 무리하며 스튜디오를 관리해온 아내에게 화낼 일이 아니었다. 나 또한 퇴근 후에 김밥 한 줄로 끼니를 때우며 스튜디오로 뛰어가기 일쑤였지만 결국 사업 실패로 인해 빚을 떠안게 되었다. 하는 수 없이 추가 대출을 받아 동업자에게 4천만 원을 돌려주어야 했다.

그때 나는 돈에 대한 '감각'이 전혀 없었다. 4천만 원의 가치를 제대로 체감하지 못했다. 4천만 원의 빚이 생긴 뒤에야 비로소 깨달았다. 돈은, 그리고 빚은 한순간에 나와 내 가족의 삶을 지옥에 빠뜨릴 수 있다는 사실을 말이다.

판돈 4천만 원짜리 도박은 처참한 결과를 불러왔다. 그때 나는 최악의 사장이자 최악의 남편이었다. 스튜디오에서는 집 핑계를, 집에서는 사업 핑계를 대며 일을 그르쳤다. 스튜디오에서는 가족과 사이가 원만하지 않다는 이유로 세상 우울한 티를 팍팍 냈다. 아르바이트생과 직원들에게 날 선 태도로 일관했고, 가족 핑계를 대며 장사를 망친 책임을 회피했다. 그때는 스튜디오에서도 집안일을 생각하는 것이 가장의 책임이라고 생각했다.

집에 돌아와서는 사업 때문에 세상에서 가장 힘든 사람인 양 행동했다. 일을 핑계로 아내와 아이에게 짜증을 냈다. 그것이 열정이라고 착각했다. 일이 잘 풀리지 않는다고 답답해하니 아내도 덩달아 걱정하는 날이 대부분이었다. 우리 가족에게 행복은 너무 멀리 있는 듯했다.

STAGE 4 : 절정
슈퍼노멀의 단초 :
불운을 이기는 방법을 경험하다

의욕적으로 매달린 사업에 실패한 뒤, 나는 한동안 정신을 차리지 못했다. 부자로 태어나지 못했다는 것, 도저히 이 상황을 타개할 능력이 없다는 것까지 모든 것이 한탄스러웠다.

그러나 불운을 탓하며 슬퍼하기에는 눈앞에 놓인 현실이 너무나 절박했다. 가만히 있어도 월세 기일과 대출 이자 상환일이 칼같이 돌아왔기 때문이다. 절박한 상황에 직면하고 나서야 스튜디오의 문제점이 하나둘 보이기 시작했다. 건물이 낡았고 인테리어가 독보적인 것도 아닌 데다가 무엇보다도 마케팅이 형편없었다. 이 문제를 해결해줄 수 있는 전문가를 백방으로 찾아 헤맸지만 아무도 나를 만나주지 않았다.

그제야 위기에 처한 사람을 만나고 싶어 하는 이는 아무도 없다는 사실을 알았다. 나는 마이너스 4천만 원의 실패한 사람이 아니던가. 사람들은 이런 나를 가까이하면 불행이 전염되는 듯한 기분을 본능적으로 느꼈을 것이다. 당연한 말이지만, 세상은 나의 불행과 힘듦에 크게 관심이 없으며 사람들은 성공한 사람을 만나고 싶어 한다. 사업이 잘되면 주변에 순식간에 사람이 모이게 마련이지만, 정반대의 상황이라면 수십 번 거절당할 각오를 해야 한다. (여러 번 시도하는 것 외에는 답이 없다.)

다행스럽게도 그즈음 회사 동료로부터 마케팅 담당자를 소개받았다. 여러 달에 걸쳐 수십 번을 조르듯 부탁한 끝에 겨우 성사된 만남이었다. 그만큼 간절한 일이었다.

"키워드 광고도 하신다고요? 키워드 몇 개 정도 넣으시는데요?"

"저 많이 해요. 열 개도 넘게 넣어요."

그는 황당하다는 표정으로 이렇게 말했다.

"열 개요? 많이 넣는 곳은 만 개도 해요."

그 말에 충격을 받은 나는 지푸라기라도 잡는 심정으로 키워드 광고에 힘을 싣기로 했다. '만 개를 한다고? 그럼 나는 10만 개 해야지.'라고 다짐하며 키워드를 조합하기 시작했다. 10만 개의 키워드를 어떻게 만들어야 하나. 그 순간 학창 시절에 하루 종일 붙잡고 했던 '디아블로'라는 게임이 머리를 스치고 지나갔다.

이 게임에서는 무기의 속성 그리고 창, 도검, 도끼와 같은 무기의 종류와 함께 접두사, 접미사를 조합해 수백만 개 아이템의 이름을 만들어냈다. 이 조합법을 광고 키워드를 만드는 데 적용해보면 어떨까?

먼저 나는 스튜디오의 특징을 분석했다. 엑셀 첫 번째

디아블로2 레저렉션 일반 아이템(무기·방어구·장신구) 접두사 총괄표 [247종]											
접두사 명칭		부가 효과	수치	접사 레벨	레어	선택 비중					
한글	영어						단도	도검	도끼	곤봉	철
공고한	Sturdy	+% 방어력 증가	10 ~ 20%	1		9					
			21 ~ 30%	4		9					
힘센	Strong		31 ~ 40%	9		8					
영예로운	Glorious		41 ~ 50%	19		8					
축복받은	Blessed		51 ~ 65%	25		7					
성인의	Saintly		66 ~ 80%	31		7					
성스러운	Holy		81 ~ 100%	36		6					
신의	Godly		101 ~ 200%	45	x	3					
				50		1					
충직한	Faithful	+레벨 비례 방어력 증가	레벨 x 0.5%	30		3					
			레벨 x 1.5%	30		4					

▶ 예를 들어 '잔혹한 빠름의 도검' 같은 식이다. (출처: 디아블로2 인벤)

열에 스튜디오의 위치를 표기했다. 홍대, 마포, 대흥역, 홍대역과 같이 근처 지역을 조금씩 토씨를 바꿔가며 최대한 다양하게 적어보았다. 홍대, 홍대입구, 홍대입구역, 홍익대학교 등 같은 장소를 나타내는 표현을 모조리 포함한 것은 물론이다. 두 번째 열에는 스튜디오의 속성을 넣었다. 자연광, 예쁜, 사진 찍기 좋은, 우정 사진, 핑크 등 스튜디오를 대여하는 사람들이라면 검색할 법한 키워드를 넣었다. 마지막으로 세 번째 열에는 '공간'에 대해 썼다. 렌털 스튜디오, 렌탈 스튜디오, 스튜디오 대관, 렌털 스튜디오 대여… 그렇게 각 항목에 최소 50개 이상을 적고 조합했다. 이런 방식으로 몇 개의 키워드를 만들어낼 수 있었을까? 무려 30만 개였다. 그때 네이버 키워드 광고는 하나의 계정에 최대 20만 개의 단어만 등록할 수 있다는 사실을 뒤늦게 알게 되었다.* 나머지 10만 개의 키워드도 버릴 수 없어서, 하나의 계정을 더 만들어 광고를 진행했다.

필사적으로 매달려야 했다. 나는 빠르게 계산기를 두드렸다. 이 스튜디오를 다시 살리려면 최소 월에 1천만 원을 벌어야 했다. 적어도 하루 10팀의 예약을 받아야 얻을 수 있는 매출이었다. 그러므로 언제든 손님을 받을 수 있도록 스튜디오를 24시간 운영하기로 했다. 월 1천만 원을 벌기 위해 내게 필요한 정확한 수치를 파악했고, 이를 실현할 수 있는 사업 구조로 전환한 것이다.

지푸라기라도 잡는 심정으로 한 일이지만, 효과는 엄청났다. 즉각적이고 폭발적인 반응이 나타난 것이다. 스튜디오는 예약이 꽉 차서 대관이 힘들 정도가 되었고 블

* 키워드를 20만 개로 제한하는 것은 당시의 정책이라 지금은 바뀌었을 가능성이 있다.

랙핑크, 레드벨벳 등 유명인이 찾기 시작하면서 가게는 더욱 유명세를 탔다. 자신감을 되찾은 나는 렌털 스튜디오를 3호점까지 늘렸다. 렌털 스튜디오만으로도 매달 1천만 원 이상의 고정 수입이 생겨났다. 내가 거둔 첫 번째 성공이었다. 그때부터는 돈 버는 것에 자신이 조금 생겼던 것 같다. 렌털 스튜디오 사업 외에도 다양한 방식으로 '돈 버는 방법'을 찾아내고 곧바로 실행에 옮겼기 때문이다. 네이버 스마트스토어에서 상품 판매를 시작했으며, 인테리어 쇼핑몰과 오프라인 매장을 운영했다. 또한 '내가 이전보다 성장했다는 사실을 누군가에게 알리고 싶다'는 소박한 마음으로 시작한 유튜브 채널도 급속도로 성장했다. 당신이 알고 있는 바로 그 채널, 〈신사임당〉이다. 그간의 노하우를 담은 책 『킵고잉』의 초고를 쓰던 것도 이 무렵의 일이다.

그 후 나는 2019년 말, 렌털 스튜디오 사업을 포기하기로 했다. 직접적인 이유는 건강 악화 때문이었다. 당시 렌털 스튜디오, 스마트스토어, 오프라인 매장 관리, 유튜브 채널 운영, 내 노하우를 담은 책 쓰기와 온라인 깅의 제작… 이 모든 것을 동시에 해내며 버텨왔다. 매일같이 김밥 한 줄로 끼니를 때우며 밤새워 일했던 나날과 압박감이 '협심증'이라는 질병으로 부메랑이 되어 돌아왔던 것이다. 응급실에 실려 간 뒤로는 하는 수 없이 벌려놓은 사업을 황급히 하나둘 정리하기 시작했다. 스마트스토어는 직원에게 넘겼고 렌털 스튜디오는 다른 사람에게 소정의 권리금을 받고 양도했다. 그러고 나서 바로 다음 달에 중국발 정체불명의 바이러스가 나타났다는 소식을 들었다. 코로나19였다.

결과적으로 내가 렌털 스튜디오, 스마트스토어 등의 사업을 전부 포기하고 유튜브에 집중했던 것은 좋은 선택이 되었다. 사람과 사람의 모임 자체가 어려운 코로나19 기간 동안 유튜브에 대한 수요가 폭증하면서, 내 채널이 급격히 성장했기 때문이다. 코로나19를 겪으며 불안정한 경제 상황 속에서 '재테크'라는 콘텐츠에 수요가 몰린 것도 한몫했다. 모든 것이 행운이었고 감사한 일들이었다. 그런데 문득 궁금해졌다.

이 모든 행운이 나에게 쏟아진 이유는 무엇일까?

부자가 되는 시작점에 선 당신에게

'어떻게 해냈을까?'

나는 이 주제에 대해 하나씩 정리해보았다. 분명한 것은 나는 찢어지게 가난하지는 않았지만 확실히 금수저는 아니었고, 특별한 재능이 있는 것도 아니라는 사실이다. 나는 정규분포로 보면 가장 넓게 퍼져 있는, 뚱뚱한 영역에 속한 그저 '평범한 사람'이었다. 지금은 어떨까? 어떤 분들은, 특히 항상 내가 감사해하는 구독자 분들은 나를 엄청난 성공을 이룬 사람마냥 대해준다. 그렇지만 내가 속한 현실적인 위치는 뚱뚱한 정규분포가 막 줄어들기 시작하는 끝부분 정도이다. 한마디로 '평범한 사람 가운데 뛰어난 정도'라는 뜻이다.

그간 사업을 하고 유튜브 채널을 운영하며 많은 이들을 만나면서, 특별한 몇몇을 제외하면 대부분의 사람들이 '평범의 영역'에 있음을 발견했다. 이 영역에 머무르는 사람들의 목표는 대체로 '평범한 가운데 뛰어난 상태가 되는 것'

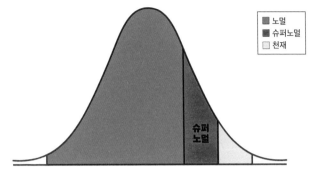

다음 표에서 노멀, 슈퍼노멀, 천재로 구분된 범례와 정규분포 곡선이 표시되어 있다.

범례:
- 노멀
- 슈퍼노멀
- 천재

슈퍼노멀

▶ 정규분포표에서 슈퍼노멀이 위치하는 곳

이다. 이는 엄청난 재능이 필요하거나 절대 불가능한 영역이 아니다. 내가 정립한 슈퍼노멀 프로세스 또한 평범한 사람이 실행한다는 사실을 전제로 한다.

내가 슈퍼노멀 프로세스를 만든 이유는 스스로 한 단계 더 성장하기 위해서다. 지금보다 더 큰 성장을 이루려면 주위에 나와 비슷한 수준의 성과를 올리는 동료를 많이 두는 방법이 최선이라고 생각했다. 나와 가장 많은 시간을 함께하며 영향을 주고받는 직원들에게 내 노하우를 알려주고 싶었다. 그리하여 신입사원을 '강제로' 성장시키기 위한 5단계 교육 과정을 정리했고 여기에 '슈퍼노멀 프로세스'라는 이름을 붙였다.

그러나 슈퍼노멀 프로세스는 몇 가지 한계가 있다. 첫 번째로, 평범한 사람을 뛰어난 천재로 만들 수는 없다는 점이다. 하지만 '양질의 평범한 사람'이 되는 매우 좋은 방식이다.

두 번째로, 수천억 원의 자산가를 꿈꾸는 사람들에게 결정적인 도움을 주는 프로세스는 아니라는 점이다. 물론 내가 알기로 대부분의 사람들은 수천억 자산가를 꿈꾸지 않는다. 50~100억 원 정도의 자산을 모으는 것으로 충분해한다. 또한 슈퍼노멀 프로세스는 매달 수십억 원의 매출을 내고자 하는 회사 대표를 위한 비법이 아니라, 한 달에 1천만 원 이상의 수입을 목표로 하는 프리랜서나 자영업자 또는 직장인을 위한 성장 가이드이다. 50억 원의 재산이나 매달 1천만 원의 수입. 이는 꿈이라고 하기에는 조금 작고, 목표라고 하기에는 조금 거창한 수준이다. 나는 딱 이 정도를 슈퍼노멀 프로세스의 지향점으로 삼는다.

마지막으로 매우 치명적인 한계가 있다. 이 책을 읽고 나면 결국 '나의 노력'이라는 영역이 남는다는 사실이다. 방법을 알아도 내가 실행하지 않는다면 결코 현실 세계로 결과물을 가져올 수 없다. 나는 방법을 알려줄 수는 있지만 당신을 실제로 움직이게 할 수는 없다. 이 점을 반드시 기억해야 한다.

'평범한 사람이 어디까지 갈 수 있을까?' 나는 가끔 이런 생각을 한다. '마이너스 4천만 원에서 100억대 부자의 꿈은 이루었는데 그다음은?' 언젠가 나는 한 기업체 강연에서 "1조 가치의 기업을 만들고 싶다."라고 이야기한 적이 있다. 그 자리의 모두가 웃었지만 내 입장에서는 농담 삼아 던진 말이 아니었다. 내 목표는 정말로 지금의 사업체를 1조 가치로 높이는 것이다. 지금 내 시간표는 오로지 그 꿈을 위한 일정으로만 채워져 있다. 물론 알고 있다. 앞으로 내 시간 전부를 바쳐도 '1조 가치'의 기업을 만들겠다는 목표가 이루어지지 않을 수도 있다는 사실을.

'어쩔 수 없지, 뭐. 노력해도 안 될 수도 있는 거니까. 그래도 죽기 전에 나는 꿈을 이루기 위해 일평생 노력했다는 말은 멋있게 남길 수 있잖아.'

지금 30대 후반인 나는 20~30대에 더 열심히 살지 못했던 것이 후회된다. 50대에는 30대가 아쉬워질 것이다. 80대에 세상을 떠난다면 모든 날들이 후회스러울지도 모른다. 바로 그때 '꿈은 이루지 못했지만 그 꿈을 이루기 위해 죽을힘을 다했다'는 사람과 '꿈을 이루기 위한 시도조차 하지 못했다'는 사람 중 누가 더 많이 후회할까? 후회하고 싶지 않기에 오늘도 하루를 가득히 채우고 감사하며 살고 있다.

당신이 꿈을 향해 달리는 동안 나도 내 꿈을 향해 달릴 것이다. 큰 꿈을 이루기 위한 그 여정을 함께하고 싶은 마음으로 이 책을 썼다. 당신도 나도 정규분포 끝까지 갈 수 있다고 믿는다. 만약 내가 언젠가 슈퍼노멀의 자리를 벗어나 그 이상의 세상으로 간다면, 반드시 그 이야기도 많은 사람들에게 전하고 싶다. 그것이 나의 꿈이자 목표이다.

SUPER
NORMAL

To.
슈퍼노멀의 문 앞에 선
당신을 환영합니다

인간의 99%는 평범하게 태어납니다.

부를 거머쥔 1%의 부모에게서 태어나거나 역사책에 길이 남을 정도의 지능을 타고난 천재가 아닌 이상, 대부분의 사람은 평범한 인간입니다. 저 역시도 그런 평범한 개체에 불과하죠.

요즘은 평범하다는 말을 부정적인 단어로 많이 사용하는 듯합니다. '그 사람은 평범해', '너는 평범하구나', '평범한 내가 할 수 있을까?'와 같은 문장이 품고 있는 뉘앙스를 생각해보세요. 평범하다는 말이 긍정적인 느낌으로 다가오지는 않죠. 이런 단어보다는 평범함의 대척점에 놓인 '특별함'이라는 말을 더욱 갖고 싶어 합니다. 우리 각자는 특별해지고 싶은 욕망을 갖고 있습니다.

흥미로운 사실은 '특별함'은 아주 평범한 것들이 모여서 도달하게 되는 지점이라는 것입니다. 예를 들어볼까요? 멋진 몸 만들기. 이는 많은 이들이 염원하는 '특별함'의 영역입니다. 그런데 가만히 있어도 특별한 몸매로 태어나는 사람은 그다지 많지 않습니다. 설사 특별한 몸매로 태어났다고 해도 끊임없는 식단 관리나 운동을 통해 멋진 몸을 유지해나가야 합니다. 즉, 멋지고 특별한 몸매는 지루하고 평범한 '헬스 트레이닝'이라는 하루하루를 쌓아 올린 결과물이죠. 끊임없이 운동하는 하루는 지루하고 평범한 데다가 별로 특별할 게 없습니다. 그래서인지

저와 같은 평범한 몸매의 사람이 보기에는 특별한 수준의 몸을 갖고 있는 이들도 스스로를 '평범하다'고 말합니다.

변호사나 의사도 특별한 직업을 가진 사람들이죠. 그런데 아니나 다를까, 그들도 스스로를 '평범하다'고 말하곤 합니다. 바깥세상에서는 특별하고 비범해 보이지만, 그들 입장에서는 그저 평범한 하루하루를 보내고 있으니까요. 그들은 대학 시절 의자에 엉덩이를 붙이고 앉아 오랜 시간 공부하는 평범한 하루를 보냈을 뿐이라고 말합니다.

왜 특별해 보이는 사람들은 하나같이 겸손할까? 저는 의문이 들었습니다. 왜 자신이 해낸 성과에 그토록 겸손한지 직접 물어보기도 했습니다. 그런데 그들의 대답은 한결같았습니다. 평범한 하루하루를 쌓아 올려서 만들었기 때문이라는 겁니다. 그렇게 걸어가다 보니 지금에 이르렀을 뿐이고, 본인의 과거와 오늘은 사실상 너무나도 평범하다고 말합니다. 심지어 자신들이 하는 정도의 노력은 누구나 하고 있다고 생각했습니다. 그들의 특별함은 결과의 특별함이 아니라 과정의 특별함에 가까웠습니다.

평범한 상태에 머무르고 싶은 사람이 있을까요? '평범함'이라는 단어는 얼른 벗어나고 싶고 따분한 감정이 들게 합니다. 그럼에도 불구하고 이 감정을 견뎌내고 뚜벅뚜벅 걸어야 언젠가 특별한 결과를 만들어내는 날이 옵니다. 특별한 성장을 위해서는 평범한 하루를 무엇으로 채워 넣을지 끊임없이 고민해야 합니다. 그런 고민으로 채워진 하루는 더없이 특별합니다. '타고난' 특별함이 아닌 '과정의' 특별함. 이것이 개인의 성장에 있어서 천재성보다도 더욱 중요한 요인이었습니다.

불운에 휩싸인 최악의 상황에서도 누군가는 결과를 만들어냅니다. 그런 이들을 저는 '돌연변이'라고 부릅니다. 너무 힘드니까 포기하고 그만두는 게 당연한데 멈추지 않고 발전하는 사람들, 또는 그런 사례. 이를 찾아내는 작업이 우리의 성장 여정에 있어 첫 번째 발자국이 될 것입니다.

2부

SUPER

평범의
극단으로
향하는
슈퍼노멀
프로세스

NORMAL

나는 실패한 것이 아니다.
잘되지 않는 방법
1만 가지를 발견했을 뿐이다.

— 토머스 에디슨

1단계
돌연변이를 발견한다

SUPER NORMAL

핑계에서 돌연변이의 힌트를 발견할 수 있다

'돌연변이'의 발견은 나에게 부자의 문을 열어준 첫 번째 힌트였다. 돌연변이의 존재를 깨닫기 전에 나는 슈퍼노멀의 마인드와는 거리가 먼 삶을 살았다. 무언가 시도도 하기 전에 시도할 수 없는 이유부터 떠올렸기 때문이다. 한마디로 핑곗거리가 너무나 많았다. 성공을 거머쥔 사람들은 '다 그럴 만한 이유가 있어서 그렇게 될 수 있었던 것'

이라고 치부하며 스스로 한계를 정하고 그 한계를 뛰어넘을 수 없다고 여겼다.

"사업에 성공하려면 부잣집에서 태어났어야지."

(난 부잣집에서 태어나지 못했는걸)

"그 사람은 학벌이 좋아서 잘된 거야."

(난 학벌이 별로 좋지 않은걸)

"그 사람은 전문가라서 해낸 거야."

(나는 한 분야의 전문가가 아닌걸)

"그 사람은 인맥이 화려하잖아."

(나는 딱히 내세울 만한 인맥이 없는걸)

세상이라는 무대에서 나는 '조연'일 뿐이라는 생각 때문에 괴로웠던 적이 있다. 돈이 많은 부자, 명문대를 나온 사람, 인맥이 좋은 사람, 뛰어난 기술을 보유한 전문가를 마주할 때면 자꾸 마음이 쪼그라들었다. 그리고 그들의 성과를 부정하고 싶어서 그들이 무엇인가 반칙을 저지르고 있다고 생각했다. 세상은 그런 특별한 사람들을 위해 존재하는 것 같았다. 나를 위한 자리는 어디에도 없는 것처럼 보였다. 아마 앞으로도 내가 주인공이 될 일은 없을 것 같다는 절망감마저 들었다. 렌털 스튜디오라는 첫 사업을 시작했을 때까지만 해도 이런 생각에 오래도록 사로잡혀 있었다.

그러던 어느 날, 스튜디오 직원이 나에게 이런 말을 했다.

"우리 스튜디오는 너무 좁아서 그렇게 스케일이 큰 잡지 촬영은 유치하기가 어려워요."

그 말을 들은 나는 자존심 상한 티를 내고 싶지 않았다. 직원 앞에서는 "그래, 네 말이 맞네." 하고 맞장구를 쳤지만, 집에 가서는 밤새 '좁은 스튜디오에서 찍은 잡지 화보'를 찾는 데 몰두했다. 그토록 열을 올렸던 이유가 자격지심 때문이었는지 무엇 때문인지는 잘 기억나지 않는다. 마침내 원하는 잡지 화보를 찾아냈고, 우리 스튜디오의 홍보 페이지에 샘플 사진으로 올렸다. 그러자 얼마 뒤 뜻밖의 일이 일어났다. 〈바자Bazaar〉라는 유명 잡지에서 내가 운영하는 렌털 스튜디오를 촬영차 찾아온 것이다.

인생의 변화는 생각의 회로를 바꾸는 데서 시작된다. 이 일이 있은 후부터 습관적으로 떠오르는 핑계에 성공의 힌트가 숨어 있음을 알게 되었다. 그때부터 모든 핑계에서부터 해답을 찾기 시작했다. 이런 핑계를 깨부수기 위해서, 나처럼 가지지 못한 사람들 중 뛰어난 성과를 올린 사람이 있는지를 찾기 시작했다.

부잣집에서 태어나지 않았는데 부자가 된 사람, 명문대를 나오지 않았으나 잘된 사람, 전문가가 아닌데도 성과를 낸 사람이 있는지 샅샅이 살폈다. 그리고 이런 사례들이 바로 당신이 앞으로 찾아야 할 '돌연변이'다. 즉, 돌연변이는 '나와 상황이 비슷한 사람이 압도적인 성과를 만들어낸 사건'이다. 돌연변이를 찾아내면, 자신감이 솟구칠 것이다.

"그가 해냈다고?

그렇다면 나도 결국 해낼 수 있다는 말이 아닌가?"

나의 한계가 나의 특별함을 만든다.

본능적으로 튀어 나오는 핑계는 당신에게 엄청난 힌트

를 줄 것이다. 만약 아무리 생각해도 한계점이나 핑곗거리가 없는 사람이라면 오히려 돌연변이를 찾는 이 단계가 다소 어려울 수 있다. 돌연변이를 찾기 위해 조사해야 할 범위를 특정하지 못하므로, 내가 해야 하거나 할 수 있는 일들이 너무 많아지기 때문이다. 초보 단계에서 너무나 많은 선택지는 아무것도 하지 못하게 만드는 원인이 되기도 한다.

운이 좋게도 예전의 나처럼 핑계를 잘 대는 편인가? 그렇다면 당신이 지금 해야 할 일은 명확하다. 그 핑곗거리를 바탕으로 돌연변이를 찾아야 한다. 그 한계점을 가지고 있음에도 불구하고 해낸 사례를 찾으면 된다는 뜻이다.

◎ 슈퍼노멀 1단계 법칙

돌연변이를 발견한다

◀ 풀이

나와 비슷한 상황에 놓인 사람이 일구어낸
뜻밖의 압도적인 성과를 찾아본다

돌연변이를 찾아낸 뒤에 내가 해야 할 일은 매우 간단하다. 돌연변이는 타 개체들과 무엇이 달랐는지, '다른 그림 찾기'를 시작해야 한다. 해당 돌연변이가 다른 개체보다 더 뛰어난 성과를 낼 수 있게 한 요인을 찾아내기만 하면 된다. 보통 나는 세 가지의 평범한 사례와 돌연변이라고 할 만한 특별한 성과 하나를 비교한다. 이런 식으로 비교하면 돌연변이의 특별한 점이 선명해진다.

돌연변이를 만드는 요소는 분야마다 다르다. 나는 스마트스토어, 렌털 스튜디오, 유튜브, 부동산 투자라는 각 분야에서 돌연변이를 만났고, 돌연변이로부터 배우기 위해 최선의 노력을 다했다. 자꾸 마음에서 솟구쳐 오르는 핑곗거리를 '생각을 시작하는 출발점'으로 바꾸면서 빠르게 성장할 수 있는 토대를 마련했다.

1. 렌털 스튜디오

(핑계) **"우리 스튜디오는 공간이 좁아서 화보 촬영에 적합하지 않아."**

→ 좁은 공간에서 찍은 잡지 화보들을 찾아 특징을 찾아보자!

2. 스마트스토어

(핑계) "나는 아이디어가 없어서 잘 팔리는 상품을 만들어낼 수 없어."

→ 엄청난 아이디어 상품이 아닌데도 잘 팔리는 상품들의 특징을 찾아보자!

3. 유튜브

(핑계) "구독자가 너무 늘지 않아서 더 이상 유튜브를 하고 싶지 않아."

→ 구독자가 적은 채널임에도 높은 조회 수를 기록한 영상들의 특징을 찾아보자!

4. 부동산 투자

(핑계) "이제 천만 원 모았는데 부동산은 무슨! 그건 순전히 남의 얘기지!"

→ 적은 자본으로 시작했음에도 높은 성과를 올린 사람들의 특징을 찾아보자!

위와 같이 돌연변이를 만드는 요소를 발견해낸 다음에

는 간단하다. 돌연변이를 반복해서 만들어낼 수 있는 시스템을 만들면 된다. 반복할 수 없다면 성공한 것이 아니다. 또한 나뿐만 아니라 다른 사람도 돌연변이를 반복해서 만들어낼 수 있어야 진정한 시스템이 완성되었다고 말할 수 있다. 즉, 내가 교육을 통해 어떤 분야의 돌연변이를 만들어내는 법에 대해 알려주었다면, 교육을 받은 그 사람도 유사한 성과를 낼 수 있어야 한다는 뜻이다. 예를 들어, 나는 스마트스토어 분야에서 '창업 다마고치'라는 유튜브 시리즈를 통해 내가 낸 성과를 다른 사람들도 낼 수 있음을 입증했다. 렌털 스튜디오 분야에서는 직원 교육을 통해 내가 자리를 비우더라도 계속해서 고객을 유치할 수 있는 방법을 모색했다. 이것이 바로 돌연변이를 복제하며 끊임없이 성과를 내는 방법이다.

돌연변이를 복제하는 과정이 왜 이토록 중요할까? '노멀'은 새로운 분야에 진입할 때 대부분 '정보의 비대칭' 상태에 처하기 때문이다. 즉, 시작 단계에 있는 '노멀'들과 앞선 경쟁자들이 가진 정보의 양에는 매우 큰 차이가 있다. 거의 100% 확률로 우리 같은 노멀은 불리하다. 이러한 정보 비대칭 시장을 '레몬 마켓'이라고 부르는데, 레몬 마켓에서의 최상위 전략은 '일단 경쟁자와 똑같은 전략을 취하는 것'이다.

예를 들어, 대표적인 레몬 마켓인 '중고 자동차 시장'을 살펴보자. 내가 중고 자동차를 구매하려는 소비자라면, 중고 자동차 딜러에 비해 가진 정보가 터무니없이 부족하니 불리할 수밖에 없다. 그렇다면 좋은 중고 자동차를 구매하는 방법은 단 하나뿐이다. 중고 자동차 시장을 운영하는 사람이 구매하려는 자동차를 나도 따라 사는 것이다. 알아낼 수만 있다면 이보다 더 좋은 방법은 없다.

다행히 어떤 분야, 어떤 상황에서든 당신이 조금만 주의를 기울인다면 돌연변이의 존재를 충분히 찾아낼 수 있을 것이다.

주언규 PD, 도대체 어떻게 성공했습니까?

나는 한때 183만 구독자를 보유한 〈신사임당〉이라는 이름의 유튜브 채널을 운영했고, 2022년에 해당 유튜브 채널을 전문 투자자 출신의 다른 유튜버가 운영하는 회사에 매각했다. 그 채널을 매각한 뒤로 인터뷰 때마다 받는 질문이 있다.

"어떻게 성공하셨어요?"

월급 160만 원 받던 직장인에서 어떻게 이 자리까지 와서 인터뷰를 하고 있느냐에 대한 답을 여기서 하고자 한다. 가장 확실한 성공의 트리거가 된, '돌연변이'를 발견했던 사건을.

〈신사임당〉 채널 구독자 수가 20만 명이 넘어가던 시점의 일이다. 내 생각보다 채널이 빠르게 성장하면서 돈을 벌어다주는 것을 몸소 경험하며 솔직히 조금 들떠 있었다. 그러나 어느 시점부터는 한계에 다다랐다는 생각이 들기 시작했다. 구독자 수가 좀처럼 늘지 않았고 영상의 조회 수도 이전에 비해 확연히 떨어졌다. 유튜브의 세계에서 이보다 더 위험한 신호는 없다. 나는 경쟁 채널 등을 분석하며 이 문제를 타개할 방법을 찾아 헤맸다.

그러던 어느 날, 시장 조사를 하다가 구독자 수가 2천 명 남짓 되는 작은 채널을 방문하게 되었다. 그런데 해당 채널에 조회 수 '30만 회'가 넘는 영상이 존재하는 것이 아닌가? 놀라지 않을 수 없었다. 구독자 수가 20만 명인 내 채널에서도 쉽지 않은 일이었기 때문이다.

'뭐지? 대체 무슨 영상이기에 이렇게 사람들이 많이 본 거야?'

이윽고 나는 더욱 큰 충격에 빠졌다. 해당 채널에서 유일하게 조회 수 30만 회에 이른 영상의 제목은 다름 아닌 '누구보다 빠르게 월 천만 원을 버는 방법'이었다. 나의 〈신사임당〉 채널을 크게 성장시킨 영상과 '똑같은' 제목이었던 것이다. 〈신사임당〉 초창기, 나는 이 제목의 영상을 올려서 꽤 많은 구독자와 조회 수를 확보했다. (현재 해당 영상의 조회 수는 190만 회가 넘는다.) 그런데 똑같은 제목을 활용해 누군가가 또다시 높은 조회 수를 올리는 데 성공했다니! 그 채널에 올라온 영상은 내 영상과 내용이 같았던 것도, 그렇다고 내용이 특별히 좋았던 것도 아니었다. 제목을 그대로 모방한 것만으로도 나와 같은 뛰어난 성과를 낼 수 있다는 사실이 놀라웠다.

나는 채널 운영자에게 메일을 보내 왜 내가 생각해낸 아이디어를 따라 했는지 물었지만, 당연히 회신은 없었다. 하지만 그의 회신은 전혀 중요하지 않았다. 유튜브를 성공시키는 데 '제목이 가진 힘' 역시 매우 막강하다는 사실을 깨달은 것만으로도 충분했다. 내 채널에서도 폭발적인 성과를 냈던 이 제목이 나보다 구독자 수가 적은 채널에서도 통했다는 것. 즉, 내가 압도적 성과를 맛본 방식은 다른 채널에서도 통한다는 의미였다. 이를 깨닫자 수백만 구독자를 보유한 채널이 아니라고 한탄할 이유가 전혀 없었다. 나보다 구독자 수가 적은 채널에서 이미 조회 수로 검증된, 누구나 클릭할 만한 소재를 찾고 적절히 제목을 응용하여 붙이면 조회 수는 물론 채널 역시 급성장시킬 수 있음을 깨달았기 때문이다. 이는 내가 유튜브에서 찾아낸 첫 번째 돌연변이였다.

〈신사임당〉 채널을 따라 한 그 채널은 자신도 모르게 '슈퍼노멀 1단계 법칙'을 적용한 것이나 다름없다. 그 채널과 비슷한 상황에 있었던, 즉 구독자 수가 적었을 때 〈신사임당〉 채널을 성공시킨 비결을 그대로 모방했으니까. 이처럼 돌연변이를 찾아내고 제대로 적용하기만 한다면 누구나 어느 정도 원하는 성과를 얻을 수 있다.

일상 속의 돌연변이를
놓치지 마라

내 삶에서 슈퍼노멀 1단계 법칙을 어떻게 적용해볼 수 있을까? '돌연변이'를 찾긴 했지만, 특히 무엇부터 시작해야 할지 모르겠다면 아래의 예시를 주의 깊게 살펴보길 바란다.

예시 1 : '맛집 인스타그램' 부업을 하기로 결심한 윤정 씨

윤정 씨는 며칠 전부터 맛집 인스타그램 계정을 운영하기 시작했다. 맛집 인스타그램이란 먹음직스러워 보이는 음식을 찍어서 올리는 인스타그램 계정을 말한다. 계정 팔로워 수가 많아지면 어느 정도 수익화도 기대해볼 수 있고, 음식 협찬을 받기도 쉬우니 먹는 것을 좋아하는 윤정 씨에게는 안성맞춤인 부업이었다.

윤정 씨는 당장 SNS를 켜고 음식을 찍어서 올리기 시작했다. 열심히 찍어서 올렸지만 결과는 참담했다. 올리는 음식 사진마다 '좋아요'는 10개 남짓이었고, 부업 광고를 홍보하는 댓글만이 달릴 뿐이었다. 반응이 시원찮으니 게시물을 올리면서도 전혀 즐겁지 않았고, 급기야 사진을 찍어서 뭐하나 싶은 생각이 들기 시작했다. 그렇게 윤정 씨에게 맛집 인스타그램 부업은 없었던 일이 되어가고 있었다.

이때 윤정 씨가 해야 할 일은 무엇이었을까? 더 맛있는 음식을 먹으러 가는 일? 게시글의 내용을 풍부하게 적는 일? 중요할 수 있지만 우선순위가 틀렸다.

윤정 씨는 자신을 포기하고 싶게 만드는 핑곗거리에서 힌트를 발견해 '돌연변이'부터 찾아내야 한다. 즉 자신의 마음을 들여다보는 것부터가 먼저다. 그의 마음속에 '이제 인스타그램의 시대는 끝났어. 레드오션이잖아. 지금 와서 계정을 만든다고 잘될 리가 없어!' 하는 생각이 고개를 드는 순간, 최고의 힌트를 얻은 것이나 다름없다. 윤정 씨가 지금 당장 해야 할 일은 윤정 씨와 같은 조건의 인스타그램 계정, 그러니까 생성된 지 얼마 되지 않은 인스타그램 계정 중에서 '급속도로 성장하고 있는 계정'을 찾아서 그들의 전략을 학습하는 것이다.

'도대체 나의 계정과 이 계정은 뭐가 다른 거지?
내가 무엇부터 살펴보아야 할까?'

지금까지 타인의 성공을 부러워하기만 했다면, 이제는 완전히 다른 시선으로 돌연변이를 바라보게 될 것이다. 참고로 이때는 돌연변이로 삼은 인스타그램 계정의 요소를 낱낱이 분해하며 어떤 차이점 때문에 해당 계정만이 압도적 성장을 거두었는지 하나하나 뜯어보는 과정이 필수적이다. 이제 막 시작하는 초보자가 돌연변이를 단시간에 연구하여 성공의 비밀을 알아내기란 어렵기 때문이다. 수많은 요소 중 무엇부터 개선해야 하는지도 잘 모르는 상태일 확률이 높다. 그렇다면 모든 요소를 나열해보는 작업부터 시작해보자. 임의로 경중을 따지며 선택적으로 살펴보지 말고, 돌연변이의 모든 요소를 최대한 많이 연구한다는 마음가짐으로 접근하길 권한다. 다음 76페이지의 인스타그램을 예로 들어보자.

　그림 1은 일반적인 인스타그램 사용자의 눈으로 바라본 피드 화면이고, 그림 2는 학습을 위한 눈으로 바라본 피드 화면이다. 돌연변이로부터 무엇을 배우고자 한다면 그림 2의 시선으로 모든 요소를 쪼개서 의심하고, 만져보고, 자세히 관찰해야 한다. 예를 들어 인스타그램을 배우고자 한다면 인스타그램에서 제공하는 인터페이스의 모

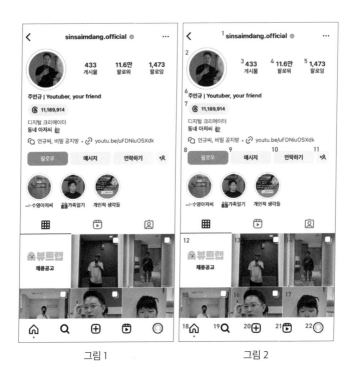

그림 1   그림 2

든 요소에 번호표를 달아서 하나하나 살펴보겠다는 마음
가짐으로 자세히 관찰해야 한다. 이처럼 각 요소에 숫자
를 붙여가며 살펴보는 것만으로도 지금 내가 무엇을 해야
할지 깨달을 수 있다.

"꼭 이렇게까지 해야 하나요? 하나하나 뜯어보려면 시
간도 많이 들고 좀 번거로운데…."

혹시 이런 의문이 들지도 모르겠다. 그 마음을 이해한다. 사실 내가 이야기하는 방식은 우리가 (정규 교육과정을 포함하여) 지금까지 무언가를 '학습'해온 방식과는 매우 달라서 의아할 수도 있다. 십수 년간 받아온 학교 교육을 예로 들어보자. 덧셈 하나를 배우더라도 먼저 원리부터 충분히 이해하고, 일정한 학습 목표 아래 개념을 배우고, 예제를 익힌 뒤 연습 문제를 풀어본다. 비교적 쉬운 단계인 연습 문제에 익숙해지면 그다음에는 조금 더 어려운 심화 문제를 풀고, 마지막으로 고차원의 응용 문제까지 해결하며 머릿속에 하나의 개념을 구체화한다.

그러나 성인이 된 당신은 이런 식으로 문제를 해결할 수가 없다. 무엇보다도 시장에 새로 진입하려는 우리와 같은 노멀에게 성공의 원리를 하나하나 가르쳐주는 친절한 경쟁자가 존재할 확률이 희박하기 때문이다. 원리를 모르면 시작조차 할 수 없기에 좌절하기 일쑤다. 이때 돌연변이의 각 요소를 쪼개고 체크해보는 방식을 적용한다면 크게 도움이 될 것이다. 이러한 과정을 통해 내가 만들고자 하는 상품 혹은 서비스에서 각각의 요소를 개선함으로써 전체 품질을 크게 개선할 수 있다.

다시 맛집 인스타그램 이야기로 돌아가보자. 돌연변이로 삼은 맛집 인스타그램에서 3번 요소, 즉 게시물을 살펴보니 100개이고, 계정의 첫 게시물이 올라간 뒤로 50일 정도가 경과했다고 가정해보겠다. 그럼 새로이 맛집 인스타그램 시장에 진입하려는 나는 적어도 하루에 2개의 게시물을 포스팅하는 속도로 '100일'을 운영해본다는 기본 목표를 설정할 수 있다. 이런 식으로 돌연변이를 찾아서 하나하나 비교해가며 개선점을 찾는다. 지금의 나와 똑같은(또는 매우 유사한) 불이익이나 한계점을 안고서도 성공한 돌연변이를 발견하는 일, 이것만으로도 엄청나게 앞서 나갈 수 있다. 다시 한번 강조하지만 무엇부터 해야 할지 모르겠다면 도전하려는 분야의 돌연변이를 모방하며 성공의 타율을 끌어올리는 연습을 해야 한다.

자, 이번에는 돌연변이의 모방을 구체적으로 실천한 사례를 하나 더 살펴보자.

예시 2 : 유튜브 채널을 막 개설한 부동산 초보 유튜버 두리 씨

두리 씨는 '부동산'을 주제로 하는 유튜브 채널을 막 개설했다. 그동안 즐겨 봤던 채널들이 주로 부동산 콘텐츠

였기 때문이다. 그는 자신이 자주 찾아보던 주제인 '청약'과 관련한 영상을 두어 개 올려보았지만, 조회 수는 두 자릿수를 벗어나지 못했다. 반면 두리 씨와 같은 주제로 영상을 제작해 올린 구독자가 50만, 100만에 달하는 대형 채널의 영상 조회 수는 쭉쭉 오르고 있었다. 드디어 두리 씨의 마음속에 핑곗거리가 생겨나기 시작했다.

'유튜브는 이미 구독자가 많은 채널들이 선점한 플랫폼이야.'

구독자 수의 힘을 체감한 두리 씨는 성과 없는 노력에 지쳐 그만두게 된다.

그런데 만약 두리 씨의 선택을 슈퍼노멀의 방식으로 바꿔서 생각해본다면 어떨까? 마음속에 떠오른 핑곗거리를 힌트 삼아서 '그럼에도 불구하고 성공한 사례'를 찾아보는 것이다. 슈퍼노멀 방식에 따른 예상 시나리오를 적어보자면 이런 식이다.

먼저 두리 씨는 처음에는 수많은 부동산 관련 채널을 모두 찾아보겠다는 마음으로 유튜브를 샅샅이 뒤져본다. 성공한 모든 대형 채널도 처음에는 작은 채널이었다는 점을 잊어선 안 된다. 특히 내가 직면하고 있는 문제를 순조롭게 해결하고 있는 작은 채널을 찾아본다.

이번에도 두리 씨는 어려움에 부딪힌다. 초반 성장을 순조롭게 이어가는 채널들이 대부분 '부동산 전문가'가 하는 채널인 것이다. 괜찮다. 부동산 전문가가 만든 채널이 아닌데도 불구하고 성장한 채널을 찾아낼 때까지 끈기를 갖고 포기하지 않으면 된다. 참고로 우리 팀에서 일했던 한 PD는 〈신사임당〉 채널의 슬럼프 구간을 벗어나기 위해 매일 400여 개의 부동산 채널을 모니터링했다.

드디어 두리 씨는 유사 주제를 다룬 수많은 채널을 분석하면서 참고할 만한 채널을 알아냈다. 구독자가 5천 명이 채 안 되는 작은 채널에서 엄청난 조회 수를 기록한 영상을 발견하고, 그 영상의 제작 방식을 분석해보았다. 그 영상의 제목은 '분당에서 가격 폭락한 아파트 Top 10'이며, 채널 주인은 매주 관련 지역을 직접 임장하며 둘러보는 콘텐츠를 만들고 있었다. 이 채널이야말로 두리 씨가 시도하려는 분야의 '돌연변이'임이 분명해졌다.*

'같은 초보자가 만든 채널인데 왜 이 영상은 폭발적인 조회 수를 기록했을까? 지금 사람들이 분당 부동산에 관

심이 많은 걸까? 내가 이 채널보다 잘할 수 있을까?'

　이제 *그*가 무엇부터 해야 할지 분명해졌다. 수많은 이들이 '분당의 폭락한 아파트'라는 주제에 관심이 있다는 사실을 알아냈으니 그도 이와 유사한 주제의 영상을 만들기 위해 준비하면 된다. 이때 반드시 기억해야 할 사항이 있다. 이미 '분당 아파트'를 다룬 영상이 많이 소비되었다는 점이다. 비단 영상뿐만 아니라 제품 및 서비스도 마찬가지다. 내가 돌연변이를 찾아낼 즈음이면 해당 제품 및 콘텐츠는 이미 많은 사람들에게 알려지고 이용되었을 확률이 매우 높다. 당연히 다음 영상에 대한 소비자들의 기대치도 올라간 상태다. 그렇다면 내가 이를 넘어서겠다고 마음먹어야만 해당 시장에 성공적으로 진입할 수 있다.

---

* 이렇게 돌연변이를 통해 돌파해내는 단계에서 많은 사람들이 좌절하기도 한다. '앞으로 계속 힘겹게 돌연변이를 찾아내야 한다'는 중압감에 시달리는 것이다. 그러나 초반의 막막한 작업을 한번 해내고 나면 그다음에는 단순 업무를 반복하는 구간이 도래한다. 나중에 고생하지 않기 위해 조금 고된 초반 단계가 필요하다고 생각해주면 좋겠다. 단순 반복 업무, 즉 '자동 프로세스'를 구축하기 위해서는 '분해'라는 단계가 선행되는데, 이에 대해서는 슈퍼노멀 프로세스 2단계에서 다시 설명할 예정이다.

그러므로 돌연변이를 찾을 때부터 '반드시 돌연변이를 넘어서겠다'는 마음가짐으로 접근해야 한다. 해당 영상보다 '더 재미있고, 더 유익하고, 더 흥미롭게' 만들어내야 지속적이고 폭발적인 성장이 가능하다. 아이러니하게도 모방 전략의 관건은 '차별화'다.

이처럼 자연스럽게 돌연변이를 발견할 수 있다면 해결책은 간단히 손에 들어온다.

흐름 1 : 돌연변이를 찾아라

(핑계) 나만큼 구독자가 적은 채널인데,

(성과) 분당이나 폭락 같은 키워드를 활용해서 높은 조회수를 올렸네?

(의견) 지금 사람들은 분당에 관심이 있는 듯 보여.

흐름 2 : 무엇을 모방할 것인가

구독자 수도 적고, 채널 주인이 해당 분야에 엄청난 전문가도 아닌 것 같아. 그렇다면 핵심은 주제다. 나도 비슷한 주제의 영상을 만들어야겠다!

흐름 3 : 어떻게 다르게 만들 것인가

그런데 이 영상은 단순히 가격이 급격히 하락한 아파트 몇 군데를 임의로 조사한 것이라 아쉬운 점이 많아. 나는 경기도 아파트 시장을 제대로 알고 있는 전문가를 찾아서 직접 인터뷰해야겠다. 중개사무소를 찾아가 현장의 생생한 목소리를 들려줘도 좋을 것 같아. 이왕 조사하는 김에 나는 15곳 정도로 더 많이 알아볼 거야.

더 나아가 분당 외에 사람들이 더욱 관심 있어 할 만한 지역을 다음의 기준으로 범위를 넓혀 시도해보자. ①인구 수가 많아서 더 많은 사람들이 눈여겨볼 만한 지역(예를 들어 경기도), ②가격이 높아서 더 많은 사람들이 소유하고 싶어 하는 지역(예를 들어서 서울시 강남구), ③가격이 상대적으로 저렴한 편이라 현실적으로 매수하겠다고 마음먹을 수 있는 사람의 비율이 높을 것으로 예상되는 지역(예를 들어 인천광역시)으로 범위를 넓혀봐야겠다.

이렇게 돌연변이를 모방하되 생각을 확장해나가며 양질의 콘텐츠를 만드는 것이 관건이다. 예를 들어, '분당에서 가격이 하락한 아파트'라는 아주 간단해 보이는 주제의 각 요소를 쪼개며 생각의 범위를 넓힐 수 있다. '분당'

이라는 지역을 '경기도', '서울시 강남구', '인천광역시'로 다양화하고, '아파트'라는 건축 분류를 '오피스텔', '빌라' 등으로 확장하는 식이다. 돌연변이로 삼은 콘텐츠는 아파트 10곳을 조사했으니 후발 주자인 나는 15곳 이상의 더 많은 아파트를 영상에 담아볼 수도 있다. 더 많은 아파트를 조사하다 보면 아무래도 구독자가 관심 있어 하는 아파트 단지가 나올 확률도 더욱 높아질 것이다.

돌연변이를 찾은 다음부터는 '나는 안 되는 사람인가 봐.' 하고 한탄하며 시간을 허비할 이유가 없어진다. 돌연변이를 찾아내고 제대로 업그레이드하기에도 시간이 부족하기 때문이다.

천재는 돌연변이를 찾는 번거로운 작업을 하지 않아도 된다. 자신의 '감感'대로 밀어붙여도 잘될 사람은 잘되게 마련이다. 그러나 천재를 마냥 부러워할 필요는 없다. 제아무리 감 좋은 천재라고 해도 그의 영감과 재능이 다하는 순간부터는 무엇을 해야 할지 방향을 잃을지도 모른다. 애초에 '그냥' 얻게 된 것이므로 그 방법을 타인에게 가르쳐줄 수도 없다. 그저 영감이 떨어지지 않기를, 내가 가진 재능이 많은 사람들에게 계속해서 사랑받기를 기도하는 수밖에 없다. 특히 천재들은 시간이 지날수록 '뛰어난 보통 사람'이 되어가는 자신을 견디지 못하고 깊은 슬럼프에 빠질 수도 있다.

우리는 노멀에서 '뛰어난 보통 사람'이 되고자 하는 만큼 이러한 상황을 겪지 않아도 되는 나름의 강점이 있다. 뛰어난 보통 사람이 되기 위해 영감과 재능을 찾아 헤맬 필요는 없으니까. 만약 당신이 나와 같은 보통 사람이라면, 그러니까 특별한 능력과 무한한 자원이 없는 상황이라면 '돌연변이를 찾아내는 전략'이 매우 유효하게 작용할 것이다.

◎ 성공 돌연변이의 조건

1. 나와 비슷한 조건에서
2. 내가 지속할 수 있는 정도의 요소를 투입하면서
3. 뜻밖에 거둔 압도적인 성과

성공의 열쇠는 '돌연변이'를
이해하는 데서부터 시작된다

세 가지 조건을 모두 만족해야 우리 같은 노멀이 따라 할 만한 '돌연변이'라 할 수 있다. 먼저, '나와 비슷한 조건'의 성과여야 한다. 누가 봐도 천재인 사람이 거둔 성과는 돌연변이라고 보기 어렵다. 처음 축구에 입문한 사람이 있다고 하자. 그가 축구 천재 호나우지뉴Ronaldinho가 주로 구사했던 '플립 플랩Flip Flap'만 할 수 있게 된다면, 과연 축구를 잘하게 될까? 이미 그 분야에서는 누구도 따라오지 못할 만큼의 실력과 인지도를 갖춘 사람의 성과는 이미 기준점이 평균적으로 높다. 우리가 찾던 돌연변이가 아닌 것이다.

그다음으로 '지속할 수 있는 만큼의 요소를 투입한다'는 점도 매우 중요하다. 현실적으로 돈이 많이 드는 일을 우리 같은 노멀이 여러 번 따라 하면서 배울 수는 없기 때문이다. '삼성전자'만큼의 자원을 투입해 그만큼의 성과를 올리려고 할 수는 없는 노릇 아닌가?

마지막으로, 부족한 조건인데도 불구하고 그저 그런 결

과가 아니라, '뜻밖에 압도적인 성과'가 난 일이라면 반드시 눈여겨보아야 한다.

　살다 보면 각자의 인생에도 이따금 돌연변이가 나타나곤 한다. 평소와 다를 바 없는 사진이나 영상을 SNS에 올렸는데 폭발적으로 '좋아요'를 받았다든지, 평소와 비슷한 비용을 들여 일했는데 엄청난 성과를 거두었다든지 하는 상황 말이다. 혹시 당신의 삶에서 갑자기 달성한 훌륭한 성과를 보며 '이번에는 운이 좋았을 뿐이야. 이 성공이 얼마나 오래가겠어?' 하며 불안해하지 않았는가? 성공을 지속하기 위해 프로세스를 정리해보는 단계로 나아가지 못하고 단 한 번의 행운으로 끝나버리는 경우는 참으로 안타깝다.

　그런데 이보다 더 빈번하게 맞닥뜨리는 상황이 있다. 나와 비슷했던 사람이 어느 순간 눈부시게 성장하는 모습을 목격하는 것이다. 당신과 비슷한 수준의 누군가가 갑자기 치고 나가는 모습을 발견했을 때, 당신은 어떻게 했는가? '그 사람은 했지만 나는 절대 못 해낼 거야.' 하는 생각에 좌절하지는 않았는가? 아니면 타인의 성공을 부정하고자 하는 마음이 슬며시 고개를 들었을지도 모르겠다. '사촌이 땅을 사면 배가 아프다.'라는 속담이 있듯이 질투나 시기하는 마음이 치밀어 오르는 것도 어찌 보면 인지상정이다. 그러나 더 큰 성장을 위해서는 타인의 성공 방식을 배우려는 마음가짐이 있어야 한다. 타인의 성공을 부정하는 쪽을 선택하는 순간, 정말 드물게 발생하는 사건, 즉 매우 발견하기 어려운 돌연변이가 하나를 버리는 셈이 된다. 우리는 적에게서라도 배워야 한다. 그것이 돌연변이라면 말이다.

돌연변이를 발견하는 것 자체의 어려움을 알고 나서, 나는 시기와 질투 같은 감정들은 선택지에서 아예 지워버리려고 애쓰고 있다. 나와 비슷한 상황에서도 압도적인 성공을 거둔 이들이 이 넓은 세상 어딘가에는 분명히 존재한다는 사실을 확인했고, 그들로부터 배워서 한 단계 진화할 수 있음을 이미 깨달았기 때문이다. 나와 비슷한 환경에서 비슷한 자원을 투입하여 성공한 사람이 있는데, 내가 못 해낼 이유가 어디 있겠는가. 똑같은 상황에 처해도 어떤 이들은 '그들이라서 해낸 것이고 나는 해낼 수 없다.'며 두 손을 들고, 어떤 이들은 '그들이 해냈다면 나도 해낼 수 있다.'며 포기를 거부한다. 물론 후자가 성공할 가능성이 더욱 높다. 〈신사임당〉 채널에서 수많은 부자를 인터뷰하며 알게 된 부인할 수 없는 사실이기도 하다.

　내가 렌털 스튜디오를 할 때의 일이다. 렌털 스튜디오 1호점이 위치한 마포구에 수많은 스튜디오 업체가 들어서기 시작했다. 그때 나는 이 경쟁 업체들을 간절히 '포기하게 만들고' 싶었다. 알아서 포기하고 떠나가기를 마음속 깊이 원했다. 그러나 내가 어떻게 그 업체들을 포기시킬 수 있겠는가. 그때 나는 결국 포기라는 것은 당사자만이 할 수 있는 '선택의 영역'이라는 사실을 깨닫게 되었다. 나는 죽었다 깨어나도 경쟁 업체를 포기하게 만들 수는 없지만, 내가 끝까지 포기를 '선택'하지 않을 수는 있다는 것이다.

　의지박약한 성격이던 나는 그때부터 돌연변이를 찾는 것을 포기하지 않았다. 어쩌다 내 눈에 기회(돌연변이)가 포착되면 붙잡고 절대 놓아주지 않았다. 지독할 정도로 뜯어보기로 했고, 물어볼 기회를 만들기로 마음먹었으며,

배우는 것에 주저하는 태도를 버렸다. 당장 할 수 있는 것은 곧바로 실행으로 옮겼다. 이것이 특별하지 않은 내가 한국 사회에서 성공하기 위해서 선택한 생존 전략이었다.

돌연변이를 찾아냈다면 집요하게 물고 늘어져라

1단계의 핵심을 그저 '남의 것을 따라 한다'는 개념으로 이해해서는 곤란하다. 타인의 모든 아이디어를 그대로 베끼는 것은 필연적으로 법적·윤리적 문제를 야기하므로, 절대 그런 일이 있어서는 안 된다. 또한 무분별한 베끼기, 단순 모방이 소비자의 선택을 받을 리 만무하다.

2023년 초, 나는 이러한 점을 제대로 인지하지 못하고 영상을 만들어 큰 파장을 일으킨 적이 있다. 그때 나는 타인을 가르칠 때 '문제가 될 만한 부분'까지 짚어주어야 한다는 사실을 미처 생각하지 못했다. 내 온라인 강의 수강생 중 뛰어난 성과를 올린 이를 유튜브에서 공개적으로 칭찬했는데, 이것이 큰 나비효과를 불러왔다. 해당 크리에

이터가 만든 영상 중에 다른 사람의 원고를 그대로 가져다 쓴 영상이 있었기 때문이다. 이 사건으로 인해 나는 매달 수억 원의 이익을 가져다주던 서비스를 중단하고, 급기야 사업을 접게 되었다. 임금을 줄 수 없어 동료들을 회사에서 내보내야 했으며, 나 자신도 엄청난 타격을 입게 되었다. 나를 반면교사로 삼아 모두 이러한 잘못을 저지르지 않기를 간절히 바란다.

이것은 윤리적으로도 크나큰 문제일 뿐만 아니라 실리적인 문제에서도 결과적으로 스스로 무덤을 파는 꼴이다. 예를 들어, A사에서 1인 가구에 특화된 소형 SUV 신형차를 출시해 엄청난 판매고를 올렸다고 해보자. 뒤이어 경쟁 업체인 B사가 매우 유사한 크기와 똑같은 디자인의 차를 출시한다고 해서 폭발적인 판매고를 올릴 수 있을까? 소비자는 바보가 아니다. A사의 신차로 '1인 가구의 SUV에 대한 니즈'를 파악했다면, B사는 이보다 뛰어난 기능과 디자인, B사만의 무기를 더해 소비자를 사로잡을 SUV를 기획해야 한다.

진짜 핵심은 이것이다. 우리는 나와 비슷한 이들이 거둔 뜻밖의 압도적 성과에서 내 성공의 힌트를 찾아내고

'차별화'하는 과정에 초점을 맞춰야 한다. 사실 우연히 돌연변이를 만들어낸 이들은 성공해놓고도 '왜 잘되었는가'에 대한 분석조차 하지 않고 지나칠 때가 많다. 그럼 어쩌다 한번 나타난 기적과 같은 성과가 그들에게 다시 재현되기는 힘들다. 단 한 권의 베스트셀러를 내고 사라지는 작가와 '원 히트 원더'* 작곡가를 생각해보라. 갑자기 찾아온 자신의 성공 사례에 대한 철저한 분석이 없다면 단 한 번의 기적으로 모든 것이 끝날 수도 있다. 이런 식의 성공을 원하는 사람은 아무도 없을 것이다.

모방만으로는 지속적이고 폭발적인 성장을 거듭 이룰 수 없다. 기계적인 모방은 누구나 할 수 있다. 이 세상에는 눈치가 빠르고 실행력이 좋은 사람들이 매우 많으니까. 하나의 돌연변이가 나타나면 곧 모방하려는 시도들이 여기저기서 나타나기 마련이다. 처음의 신선했던 충격은 어느덧 사라지고 금방 레드오션이 되어버린다. 이렇게 전쟁 같은 세상에서 누가 살아남을 것인가? 치열한 연구 끝에

---

* 원 히트 원더One Hit Wonder는, 대중음악 시장에서 딱 한 개의 싱글(혹은 곡)만 큰 흥행을 거둔 아티스트를 의미한다. 대개 한 곡만 반짝 흥행하고 잊히는 아티스트를 말한다.

가장 좋은 결과물을 만들어내는 사람, 누구도 쉽게 따라올 수 없는 '차별화'를 이뤄낸 사람이 압도적인 성과를 더욱 오래 유지할 수밖에 없다.

나는 스마트스토어를 운영하며 이러한 진리를 뼈저리게 실감했다. 예를 들어, 한 스마트스토어에서 '아인슈페너 커피 잔'이라는 상품이 이상할 정도로 잘 팔린 적이 있었다. 이용자 수가 월등히 많은 업체도 아닌데 아인슈페너라는 특정 커피 이름이 붙은 컵이 불티나게 팔렸다. 나는 이것을 돌연변이라고 판단했다. 크게 특별할 것 없는 유리잔에 '아인슈페너'라는 특정 커피의 이름을 붙였을 뿐인데, 머그잔이나 일반 커피 잔보다 더욱 잘 팔렸기 때문이다.

거기에 바로 소비자의 욕망이 숨어 있었다. 이제 사람들은 단순히 '커피 잔'을 원하는 데서 그치지 않고 자신이 선호하는 특정 커피, 이를테면 '아인슈페너'나 '플랫화이트', '에스프레소'를 담는 잔을 구매하고 싶어 한다는 욕구가 있었다. 그렇다면 '플랫화이트 잔', '에스프레소 잔'이라는 상품을 내놓으면 잘 팔리지 않을까? 생각이 거기까지 미치자 망설일 필요가 없었다. 곧바로 위 이름의 상품을 등록하고 구매자의 감성을 자극하는 상세 이미지를 만들어 올렸다. 결과는 대성공이었다. 발 빠르게 움직인 덕분에 내 스마트스토어는 해당 카테고리의 시장 점유율을 끌어올릴 수 있었다.

문제는 컵에 특정 커피의 이름을 붙이는 것 이상의 차별화를 이루지 못했다는 데 있다. 솔직히 나는 아인슈페너나 플랫화이트 커피의 특징을 알지 못했다. 왜 구매자들이 굳이 특정 커피의 이름을 붙인 잔을 구매하는지 이유를 제대로 파악하지 못했던 것이다. 그때 한 단계 더 나아갔다면 플랫화이트나 에스프레소를 담기에 최적화된 잔은 무엇이 달라야 하는지 철저하게 연구했을 것이다. 그리고 커피 마니아의 마음을 사로잡는 차별화된 상품을 내놓았을 터이다. 이런 방식으로 자꾸 모방을 시도하는 후발 주자마저 따돌릴 수 있는 방식을 연구한다면 압도적인 성과를 더욱 오래 유지할 수 있다.

지속 가능한 성공을 위해 모방을 넘어선 차별화를 이루어야 한다. 단순히 베끼는 것만으로는 절대 계속해서 원하는 결과를 얻어낼 수 없다. 다시 한번 말하지만, 세상에 눈치 빠르고 실행력 좋은 사람들은 차고 넘친다.

세상에 없던 서비스를 만들어내고 싶다는 당신에게

종종 나에게 유튜브 이외에도 자신의 미래에 대해 상담하고 싶다며 인스타 DM을 보내오는 이들이 많다. 간절한 메시지를 볼 때면 예전에 렌털 스튜디오를 하며 멘털이 무너졌던 시기, 아무도 나를 만나주지 않았을 때의 막막함이 떠오른다. 어떻게든 그들에게 도움이 되고 싶은 마음으로 실제로 만난 적도 있고, 관련 이야기들을 자주 유튜브에서 풀어놓은 적도 많다. 그런데 특히 사업을 준비하는 이들 중에서 이렇게 물어오는 이들이 있다.

"저는 정말 아무도 상상하지 못한 서비스를 오픈할 생각입니다. 획기적인 아이템인데 잘될까요? PD님 보시기에 가능성이 있어 보이나요?"

사실 나는 엄청나게 유능한 경영자나 사업가도 아니고, 점쟁이도 아니기 때문에 이러한 질문에 정확히 답하기가 힘들다. 그래서 사업이 성공할지를 예측해주는 대신 나는 이렇게 답하곤 한다.

"열심히 하시는 만큼 잘되실 겁니다. 그런데 지금껏 세상에 없던 차별화된 서비스라면 오히려 위험할 수도 있습니다. 단지 새롭기만 한 것은 아닌지, 시장에 내 서비스를 이용하려는 유의미한 숫자의 고객이 존재하는지를 반드시 확인해야 합니다."

많은 이들이 '차별화'가 사업 성공의 가장 중대한 요소라고 생각한다. 물론 앞서 나의 스마트스토어 사례에서도 설명했듯이 차별화는 사업 성공을 위해 반드시 필요한 요소이다. 그러나 순서가 틀렸다. 우리 같은 평범한 노멀에게는 '모방'이 먼저이고, '차별화'는 그다음이다.

우리는 호수같이 넓은 시장에 진입하려는 생산자다. 물고기라는 고객을 많이 확보해야 사업에 성공할 수 있다. 이때 물고기에게 어떤 먹이를 뿌릴 것인가? 세상에 없던 나만의 미끼를 끼우는 전략이 유효할 확률이 높을까? 나라면 모험을 하는 대신 바로 옆에 낚시꾼이 어떤 미끼를 사용하는지를 물어볼 것 같다. 옥수수인지, 떡밥인지, 새우인지.

이 호수의 물고기들이 어떤 먹이를 선호하는지 알아야 나도 생산자로서 경쟁력을 가질 수 있다. 그런 다음 나는 어떻게 물고기를 이쪽으로 오게 할 것인지 '차별화'에 대해 치열하게 고민할 것이다. 이렇게 하는 이유는, 물고기 입장에서 난생처음 만난 먹이를 쉽사리 물지 않을 가능성이 크기 때문이다. 새로운 것들은 불필요하거나 위험하거나 불편하게 느껴진다. 즉, 고객의 입장에서는 선택하는 데 드는 '전환 비용'이 크다.

우리는 생산자가 아닌 '소비자의 입장'에서 차별화를 고려할 필요가 있다. 질문을 하나 던지겠다. 당신이 고객이라면 어떤 서비스를 선택할 것인가?

1. 카이스트 출신 IT 인재들이 모여서 만든 엄청난 기능을 가진 메신저
2. 카카오톡

차별화는 1번의 혁신적인 메신저가 더욱 높을 수 있지만, 현재 사람들이 둘 중 하나를 선택해야 한다면 2번의 익숙한 메신저를 선택할 가능성이 크다. 2번의 경우 소비자 입장에서 지금 사용하고 있는 재화나 서비스가 아닌 다른 재화나 서비스를 사용하는 데 드는 전환 비용, 즉 친숙함이나 편의성 등의 비용이 낮기 때문이다. 실제로 카카오톡 메신저를 쓰는 고객층과 타깃 고객이 겹치는 '라인'과 같은 메신저들은 특장점을 몇 가지 꼽을 수는 있겠으나, 인터페이스 자체는 카카오톡과 크게 다르지 않다. 후발 주자로 시장에 진입하는 시점에서는 높은 전환 비용은 득이 되지 않기 때문이다.

그럼 우리나라에서 메신저 강자인 카카오톡은 어떻게 해야 할까? 이모티콘 같은 부가 기능 외에 압도적으로 혁신적인 기능을 제공해 차별화 수준을 더욱 끌어올려야 한다. 소비자가 다른 곳으로 갈 수 없도록 묶어두는, 즉 카카오 입장에서는 소비자의 '전환 비용'을 높이는 전략이 필요한 것이다.

이처럼 신규 진입하는 대부분의 서비스는 전환 비용을 고려하지 않을 수 없다. 2023년 7월 출시한 SNS인 '스레드Threads'를 예로 들어보자. 메타에서 트위터의 대항마로 야심차게 출시한 스레드는 폭발적인 속도로 가입자를 유치했다. '넷플릭스'의 경우 100만 이용자를 만드는 데 3.5년이 걸렸는데, '스레드'는 단 1시간 만에 해냈던 것이

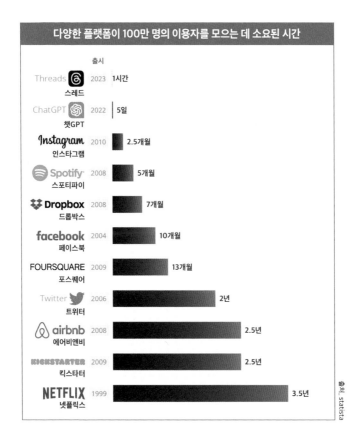

다양한 플랫폼이 100만 명의 이용자를 모으는 데 소요된 시간

	출시	
Threads 스레드	2023	1시간
ChatGPT 챗GPT	2022	5일
Instagram 인스타그램	2010	2.5개월
Spotify 스포티파이	2008	5개월
Dropbox 드롭박스	2008	7개월
facebook 페이스북	2004	10개월
FOURSQUARE 포스퀘어	2009	13개월
Twitter 트위터	2006	2년
airbnb 에어비앤비	2008	2.5년
KICKSTARTER 킥스타터	2009	2.5년
NETFLIX 넷플릭스	1999	3.5년

출처, statista

다. 어떻게 이렇듯 단기간에 성장할 수 있었을까? 새로운 SNS지만 인스타그램 이용자가 유입될 수 있도록 전환 비용을 대폭 낮췄기 때문에 가능했다. 먼저 스레드는 인스타그램과 거의 같은 인터페이스를 갖추었다. 그리고 유저들의 인적 네트워크 관계인 팔로워·팔로잉을 그대로 연동하여 가져올 수 있도록 했다. 이로 인해 20억 명의 인스타그램 이용자 중 일부가 자연스럽게 '스레드'로 유입됐다. 반면 '넷플릭스'는 기존 비디오 서비스와 차별화된 서비스였다. 기존 비디오체인을 붕괴시키면서 시장을 확장했기 때문에 상대적으로 더 오랜 시간이 걸렸다.

1등 자리에 있는 챔피언과 도전자의 전략은 다르다. 당신은 지금 챔피언인가? 아니면 이제 갓 시장에 진입하는 도전자인가? 도전자라면, 먼저 전환 비용을 낮추어 큰 시장에 스며들어라. 그다음 차별화 전략을 고민해야 한다. 이것이 바로 노멀의 전략이다.

비정한 자연에서
어떻게 살아남을 것인가

왜 노멀에게는 '모방'이 그토록 유효할까. 냉혹한 자본주의에서 경쟁이 당연한 것처럼, 우리가 사는 자연계 역시 경쟁을 통해서 진화해왔다. 자연 속에 살아가는 수많은 개체 중에서 살아남는 것은 주어진 환경에 빠르게 적응하고 생존과 번식에 유리한 개체뿐이다.

그래서 자연의 개체들은 '살아남기 위해' 엄청나게 많은 새끼를 낳는 전략을 활용한다. 초파리를 예로 들어보자. 생애주기가 짧은 초파리들은 대를 거듭하며 다양한 새끼를 낳는다. 어떤 초파리는 하트 모양 눈, 하얀 눈, 막대 눈을 하고 태어난다. 굽은 날개 혹은 짧은 날개를 가지고 태어나거나 심지어는 날개 없이 태어나기도 한다. 이처럼 초파리는 세대를 거치며 실로 수많은 돌연변이가 탄생한다. 그러나 이들 중 대부분은 현실에서 찾아볼 수 없다. 대부분의 돌연변이는 자연에 적응하지 못하고 도태되어 사라지기 때문이다. 돌연변이는 우연히 환경에 더 적합하게 진화했을 때만 살아남는다. '백색증Albinism'을 가지고 태어나는 알비노도 마찬가지다. 유전자 돌연변이로 인해 모든 털과 피부 등이 하얗게 변하고, 눈동자는 분홍빛으로 변하는 동물을 우리는 왜 일상에서 볼 수 없을까? 자연 상태에서 이렇게 눈에 띄는 색을 타고났다는 건, 포식자의 눈을 쉽게 피할 수 없다는 뜻이다. 즉 그들에게 자연은 매우 생존하기 어려운 환경인 것이다.

이처럼 수많은 돌연변이 중 성공하는 돌연변이는 드물다. 그들의 변이가 자연과 맞아떨어지고, 생존에 유리해져 번식을 이뤄내고 '진화'하지 못하면 도태될 뿐이다. 이 때문에 돌연변이는 찾기가 어렵다. 이토록 자연은 잔인하다.

인위적인 진화를 만들기 위해 돌연변이를 찾아야 한다

그럼 인간이 사는 세계, 특히 돈을 버는 비즈니스의 생태계는 어떨까? 자본주의야말로 냉혹함 면에서 자연 생태계 못지않다. 수많은 기업이 너도나도 돈을 벌어들이겠다고 다양한 전략을 활용해 전쟁을 벌이고 있다. 천문학적인 돈을 들여 광고 모델을 채용하고, 넘볼 수 없는 기술력으로 제품을 개발해 시장을 선도하려고 한다. 그런데도 대부분의 시도는 실패하고 몇몇 기업만이 오래도록 살아남는다. 비정한 무한 경쟁의 사회에서 당신은 어떻게 살아남을 것인가? 천문학적인 돈도, 뛰어난 기술력도 없는데 비즈니스의 세계에서 어떻게 돈을 벌어들일 것인가?

다행히 우리에게는 노멀의 전략이 있다. 수많은 평범한 이들의 시도는 그저 그런 결괏값을 만들어내지만, 이상하리만치 뛰어난 성과를 낼 때가 있다. 이 돌연변이 같은 일들을 눈여겨보고, 적극적으로 모방하여 나도 그와 같은 성과를 낼 수 있다. 날개 없는 초파리는 자신이 왜 도태되었는지 모를 테고, 막대 눈을 가진 초파리는 자신이 왜 살아남았는지 모를 것이다. 하지만 인간은 초파리와 다르다. 누가, 왜 살아남았는지 이해할 수 있고, 살아남기 위해 모방할 수 있는 능력을 갖고 있다. 비정한 세계에서 당신이 아직 초파리처럼 힘없는 존재라면, 주변의 돌연변이를 찾아내어 끊임없이 물어야 한다.

"이건 왜 잘됐지?

나는 어떻게 따라 할 수 있을까?

따라 하면 반복해서 성공할 수 있을까?

그리고 어떻게 하면 그 누구도 쉽게 따라오지 못하도록

차별화된 결과물을 만들어낼 수 있을까?"

이러한 방식으로 당신은 살아남을 수 있다. 자연 세계에서 초파리는 해내지 못하는 일을 당신은 할 수 있다. 자, 이제 모방을 넘어선 진화를 위해 슈퍼노멀 2단계 프로세스로 나아갈 시간이다.

나보다 앞선 사람의
성공 루트를 따라가라

정보 비대칭 상태에 놓인 이들에게 적합한 최고의 전략

당신은 '노멀'의 상태에 있는가? 다시 한번 말하지만 수백억 이상을 소유한 부자나 특별한 재능을 가진 천재는 이 책을 읽을 필요가 없다. 나는 유튜브를 연구하면서 이 세계에도 천재가 있다는 사실을 알게 되었다. 예를 들어, 40만 구독자를 모은 '노잼봇'을 보자. 그는 명실상부한 '얼굴 천재'다. 그저 본인이 공부하는 모습을 브이로그로 찍어서 올리는 것만으로도 엄청난 화제를 불러일으켰으며 단기간에 40만 명의 마음을 사로잡았다. 나는 그렇지 못했다. 미남도 아니고, 화술이 좋은 것도 아니고, 한 분야에 전문가 수준의 지식을 갖추고 있지도 못했다. 당연히 유튜브를 시작한 초반에 '아재트'를 비롯한 몇 개의 채널은 실패했다. 그러나 돌연변이를 모방하는 전략에 차별화를 더하며 마침내 〈신사임당〉 채널로 성공할 수 있었다.

노멀인 당신에게도 이 전략이 매우 유효한 성과를 가져다줄 수 있다. 지금 어떤 사업을 시도하든 당신은 그 세계에서 '초보(조금 더 잔인한 말로는 꼴등)'일 확률이 매우 높다. 초보의 가장 큰 약점은 정보의 비대칭 상태에 놓인다는 점이다. 해당 시장에 대해 아는 바가 거의 없다는 말이다. 이때 최적의 선택은 그 분야에서 나보다 앞서 있는 사람의 성공 비법을 알아내고, 그 루트대로 따라가는 것이다. 우리는 평소에 고수의 방식을 조금 더 빨리 터득하기 위해 강의를 들으며 배우지 않는가? 돌연변이로부터 배우는 태도 역시 이와 다르지 않다.

지금, 시도하지 않으면 더 많이 잃는다

"현실적으로 어렵습니다. 저는 능력도, 돈도, 시간도 없는 것 같아요!"

여기까지 설명했지만, 왠지 이런 하소연이 들려오는 듯하다. 시도조차 하기 전에 포기하려는 움직임이다. 나는 유튜브 강사를 하며 똑같이 이야기하는 이들을 정말 많이 만났다. 유튜브로 돈은 벌고 싶지만 도무지 엄두가 나지 않는다는 것이다. 이미 자신이 하려는 분야에 100만, 200만 유튜버가 버티고 있는데, 이제 와서 되겠냐고 울상이다. 심지어 유튜브 채널을 개설하고 영상을 업로드하는 방법조차 모르는데 초보가 무엇을 할 수 있겠냐고 하소연한다. 그렇게 오늘도 포기해야 하는 이유만 늘어간다.

생각을 바꿔보자. 지금 시작한 당신은 유튜브의 세계에서 '꼴등'이다. 그러니 마음을 조금 편하게 먹어보자. 1등은 1등의 자리를 지키기 위해 늘 불안하다. 자신들을 모방하려는 2등을 비롯한 수많은 이들을 따돌리기 위해 항상 혁신해야 한다. 1등은 뒤처질 수 없으므로 내딛는 한 걸음 한 걸음이 무겁다. 새로운 시도조차 엄청난 부담으로 다가온다. 하지만 당신은 꼴등이기에 이러한 스트레스에서 자유롭고, 무엇이든 시도해볼 수 있다. 꼴등이라 잃을 것이 없다는 말이다.

꼴등인 당신은 시도하지 않으면 분명 손해를 보게 되어 있다. 나는 무언가를 시도할 때마다 시간을 잃거나 적립하는 게임, 〈더 타임 호텔〉에 출연한 적이 있다. 이런 세계라면 나의 시도가 어떤 결과를 불러올지 치열하게 고민해봐야 할 것이다. 잘못하면 시간을 잃기 때문이다. 그러나 우리의 인생은 이런 류의 게임과는 달라서, 오늘 쓰지 않은 시간을 절대 내일로 적립할 수 없다. 쓰지 않은 오늘의 시간은 그대로 사라져버린다는 말이다. 그렇다면 오늘 아무것도 시도하지 않는 것이 더욱 큰 리스크이다.

우리는 공포를 느끼는 방향을 바꿀 필요가 있다. 실패할까 봐, 괜히 시간 낭비만 할까 봐 두려워서 시도하지 못한다는 말은 틀렸다. 오히려 아무것도 시도하지 않고 하루가 지나가는 것에 공포를 느껴야 한다.

운이 좋아 성공한 사람들은
자신의 부를
실력의 결과라고 착각한다.

— 나심 니콜라스 탈레브

『안티프래질』, 『블랙 스완』 저자

2단계
운과 실력을 분해한다

───────── SUPER NORMAL ─────────

나는 창의력이 부족한 사람도 슈퍼노멀이 될 수 있다고 믿는다. 특별한 재능이 없어도 누구나 한 달에 100만 원 정도는 더 벌어들일 수 있다. 그렇게 슈퍼노멀의 삶은 시작된다. 어떤 책들은 성공한 모습을 상상하고 확언하는 것만으로도 꿈을 이룰 수 있다고 말한다. 안타깝게도 그런 책들은 '실제로 어떻게 계획하고 실행했는지'에 대해서는 말해주지 않아서 공허한 외침으로 들릴 때가 많다.

'무엇을, 어디서부터 어떻게 해야 하지?'

나도 무엇을 어디서부터 시작해야 할지 몰라 머리를 싸매던 때가 한두 번이 아니다. 지금 이 순간, 예전의 나와 같은 고민을 하고 있는 이들에게 구체적인 실행 과정을 상세히 알려주고 싶다. 재능이 없어도, 의지가 약해도 괜찮다. 이 책은 그저 순서대로 열심히 따라 하면 성공할 수 있는 '주입식 자기계발서'니까. '따라 하면 성공 확률이 높아지는' 돌연변이의 개념을 먼저 설명한 이유도 여기에 있다. 나는 이 개념에 대해 내가 이끄는 회사의 직원들과 유튜브 수강생들에게도 여러 번 강조했다.

그런데 슈퍼노멀 프로세스 1단계를 읽고 실천에 옮겨봤으나 효과가 없었다고 하소연하는 분들이 있다.

"안 돼요! PD님 말대로 돌연변이를 찾아내고, 그대로 따라 해봤는데 성과가 안 납니다!"

이렇게 유튜브 강의 수강생 중에는 슈퍼노멀 프로세스 1단계에 따라 야심차게 만든 영상을 여러 개 올려봤지만 구독자가 늘지 않아서 당장이라도 포기하고 싶다는 이들이 더러 있다. 도대체 무엇이 문제일까?

지금부터 이야기할 슈퍼노멀 프로세스 2단계 '분해'는 이에 대한 해답을 주는 파트다. 구체적으로는 돌연변이를 발견한 뒤에 실행을 계획하는 과정과 방법에 관한 이야기를 담고 있다. 1단계를 따라 열심히 돌연변이를 모방하고자 시도했지만 벽에 부딪힌 이들이라면, 이 법칙을 적용해보는 것만으로도 성공 확률이 크게 높아질 것이라고 확신한다.

◎ 슈퍼노멀 2단계 법칙

운과 실력을 분해한다

◉ 풀이

첫째, 사업의 전체 프로세스를 정리한다
둘째, 그중 '확률'에 달린 일과 '실력'에 달린 일을 구분한다

당연한 말이지만 돌연변이를 모방한다고 해서 언제나 성공적인 결과를 얻을 수는 없다. 나는 답답해하는 모든 이들에게 "당신이 곧바로 성공적인 결과를 내지 못하는 것은 너무나 당연한 일이다."라고 말해주곤 한다. 어설픈 위로를 하려는 게 아니다. 나는 그간의 수많은 시도를 통

해 모든 일의 성패에는 크게 두 가지 요인이 복합적으로 작용한다는 사실을 이미 알고 있기 때문이다. 바로 나의 '실력'과 하늘에서 내려준 '운'이다. 당신이 유튜브 계정을 만들고 영상 한 편을 올렸다고 가정해보자. 당신이 올린 영상 콘텐츠는 좋았지만 노출이 덜 되는 등 운이 나빠서 실패할 수 있다. 반대로 영상의 질은 그럭저럭인데 운이 좋아서 조회 수가 '떡상'할 수도 있다.

이렇듯 어떤 일의 성패는 운과 실력이라는 두 가지 요소가 복합적으로 작용해 결정된다. 그럼에도 불구하고 평소 우리는 어떤 일의 결과를 두고 '운이 나빴다' 혹은 '실력이 부족했다'라는 말로 간단히 정리해버린다. 심지어 운도 실력이라며 몰아붙이는 이들도 있다. 깊은 분석 없이 손쉽게 둘 중 하나로 결론을 내리면 마음은 편할지 몰라도 더 이상의 발전은 없다.

투자 전략가 마이클 모부신은 그의 저서 『마이클 모부신 운과 실력의 성공 방정식』(에프엔미디어, 2019)에서 이렇게 말한다.

"다양한 방식으로 결합한 운과 실력이 실제로 우리 인생을 좌우한다. 그런데도 사람들은 운과 실력을 제대로 구분하지 못한다."

나는 그의 저서에서 2단계 '분해'의 핵심 아이디어를 얻어 이를 나의 사업에 적용해보기 시작했다. 도대체 운과 실력이 어떻게 결합해서 결과를 만들어내는지 알아보고 미리 대책을 세웠던 것이다. 2단계에서는 (돌연변이를 모방하기 위해) 작업의 전체 과정을 순서대로 정리하는 것부터 시작한다. 그런 뒤 '운의 영역'과 '실력의 영역'을 구분하여 낱낱이 따져볼 생각이다. 복잡하다고? 자본주의사회에서 가장 중요한 돈과 시간, 에너지를 효율적으로 사용하게 해주는 가장 중요한 단계임을 강조하고 싶다.

예를 들어보자. 운의 영역과 실력의 영역을 완전히 혼동하는 이들의 이야기이다. 여기 평범한 사람들이 모여 로또를 공부하고 있다. 그들은 로또 1등 번호에는 법칙이 있다는 믿음 아래 돈과 시간을 들여 스터디를 한다. 정말 로또를 공부한다고 1등에 당첨될 수 있을까? 814만 5060분의 1의 확률을 과연 공부한다고 얻을 수 있을까? 불가능하다. 로또 당첨은 100% 운의 영역에서 좌우되기 때문이다. 한마디로 그들은 헛돈을 쓰고 시간을 들여가며 자원을 낭비하는 셈이다.

명백히 운의 영역인데 실력을 키워보겠다며 노력을 쏟는 것은 시간 낭비다. 목표를 향한 어리석은 노력을 줄이기 위해서라도 나의 열정과 시간과 돈을 어디에 쏟아야 할지 판단해야 한다. '분해'는 바로 성과가 날 만한 곳에 현명하게 노력하기 위한 준비 과정이라고 할 수 있다.

운을 벌어들인다는
새빨간 거짓말

50억을 번 경험이 있는 다음의 두 사람 중 한 사람에게 투자를 해야 한다면, 당신은 누구에게 돈을 맡길 것인가?

사례 1 : 월급 200만 원을 받는 직장인으로 살다가 로또에 당첨되어 50억 원의 상금을 거머쥔 은수

사례 2 : 가난했지만 성공할 수 있는 방법을 누구보다 치열하게 고민하여 사업으로 50억 매출을 올린 지윤

당신이라면 누구의 손을 들어주고 싶은가? 나는 지윤이 성공할 확률이 높다고 확신한다. 은수는 운으로 성공했고, 지윤은 실력으로 성공했기 때문이다. 또다시 엄청난 행운이 찾아오지 않는다면 다음 생의 은수는 평범한 급여 생활자로 살겠지만 지윤은 자신의 근성과 실력으로 사업을 성공시킬 수 있을 것이다. 실력을 갖춘 사람은 비록 운이 따르지 않아서 몇 번은 실패할지라도 결국 언젠가 성공할 확률이 매우 높다.

한편 '운'을 '실력'으로 착각할 때 비극이 생긴다. 로또 복권에 중독된 사람의 이야기를 TV 시사 프로그램에서 방영한 적이 있다. 처음에는 재미 삼아 시도한 로또 복권으로 백만 원을 넘게 벌었다고 했다. 문제는 그 뒤로 매일같이 20만 원 이상의 돈을 로또를 사는 데 쏟아부었다는 것이다. 안타깝게도 행운은 더 이상 그를 찾아오지 않았고, 결국 술을 입에 달고 살며 망가진 삶을 살았다. 이렇듯 어쩌다 한번 찾아온 행운을 '또다시 반복될 수 있는 실력'으로 착각하는 순간, 처참한 결과를 맞이하고 만다. 그는 운의 영향을 크게 받는 로또 복권의 당첨을 두고 실력의 영역으로 착각하여 엄청난 돈(자원)을 낭비한 것이다.

사업을 할 때도 마찬가지다. 운의 영향을 크게 받는 일에서 실력을 끌어올리겠다며 헛돈을 쏟아붓고 있지는 않은지 반드시 살펴야 한다. 이것이 바로 운과 실력을 정확히 구분해내야 하는 이유다.

세상만사 '운'이 끼어들지 않는 일이 없다

종일 방구석에 틀어박혀 로또를 연구하는 사람들이나 스포츠토토에 가산을 탕진하는 이들은 한눈에 봐도 어리석다. 운을 실력으로 착각하며 자신의 하나뿐인 인생을 내던졌기 때문이다. 그런가 하면 이와 정반대의 헛똑똑이들도 많다. 바로 세상만사에 끼어드는 운을 무시하는 사람들이다.

사업이 흐름을 타고 성공 가도를 달리기 시작할 때, 무엇을 가장 조심해야 하는지 아는가? 바로 '교만함'이다. 직장 생활을 할 때보다 수입이 두 배, 세 배 뛰며 갑자기 '수천만 원'이 통장에 찍히는 것을 보면 잠시 어깨에 힘이 들어간다. (물론 나도 한때 그런 시기가 있었다!) 그런데 이런 상황일수록 겸손한 자세를 결코 잃어서는 안 된다. 단순히 예의를 차리기 위해서가 아니다. 내 실력보다 운이 좋아서 성공했을지도 모르니 절대 방심해서는 안 된다. 꾸준히 실력을 끌어올려야만 그 성공을 유지할 수 있다.

한편 이렇듯 운을 실력으로 착각하는 사람들이 교만해지기만 하는 것은 아니다. 반대로 한없이 의기소침해지기도 한다. 나와 함께 일하는 편집자는 자신이 맡은 책은 어떻게 해서든 성공시켜야 한다는 스트레스에 시달렸다. 이번 책이 잘되지 않으면 너무 괴로울 것 같다고 털어놓았다. 나는 그에게 어떤 책이 베스트셀러가 되느냐고 물어보았다.

"크게는 네 가지 조건이 있어요. 첫째, 저자가 영향력 있는 사람이어야 하고요. 둘째, 책을 널리 알릴 수 있는 마케팅이 이뤄져야 하고요. 셋째, 책이 담고 있는 콘텐츠가 좋아야 해요. 넷째, 운이 좋아야 합니다. 베스트셀러에는 분명 운이 따라야 해요."

"그중 본인이 통제할 수 있는 게 무엇이죠?"

"마케팅과 책의 질 정도를 책임질 수 있죠."

"그런데 왜 모두 다 자신의 책임이라고 생각하고 스트레스를 받고 있나요?"

솔직히 회사는 이런 유형의 직원을 좋아한다. 운의 영역도 실력의 영역으로 착각하며 '모두 제가 책임지겠습니다!' 하고 뛰어드는 직원 말이다. 회사로서는 이런 직원의 열정을 마다할 이유가 없다. 반면에 다음과 같이 말하는 직원은 아무도 원하지 않을 것이다.

"제가 지금 하는 일의 모든 과정을 운과 실력의 영역으로 분해해봤는데요. 이 부분은 운의 영역이라 제가 어찌 할 수 없고, 이 부분은 실력의 영역이라 제가 이렇게까지 해봤습니다. 그러니 실패해도 제 탓이 아니고 성공해도 사실 제 덕분은 아닙니다."

이런 직원을 어느 사장이 좋아하겠는가? 그러나 이 책을 읽는 당신이 직장인이라면 더 이상 회사에 '가스라이팅' 당하지 말라고 이야기하고 싶다. 실패는 전적으로 당

신의 탓이 아니다. 회사 생활, 정말 쉽지 않다. 당신이 잘
못해서 실패한 것이 아닌데도 성과를 내지 못하면 나쁜
고과를 받게 되어 있다. 심지어 운이 나빠서 여러 번 연속
으로 실패하면 조직에서는 당신에게 중요한 임무를 맡기
지 않을 것이고, 그럼 더더욱 성과를 내기 어려워진다. 나
는 평소에 "사업만큼이나 직장 생활이 쉽지 않다."라고 말
하는데, 이런 이유 때문이다.

　회사에서 진행하는 수많은 프로젝트 중에는, 조직 구성
원들이 실력의 영역이라고 믿지만 사실은 운에 좌우되는
것들이 있다. 프로젝트의 성공 여부는 그야말로 확률의
영역이다. 그러나 회사는 책임 소재를 가려야 한다. 내부
경쟁과 승진이 걸려 있기 때문이다. 이 때문에 누군가는
운으로 인해 발생한 실패를 책임으로 가져가고, 누군가는
운으로 인해 발생한 성공도 공로로 가져간다. 그래서 회
사에서는 인간관계가 매우 중요하다. 대부분 회사 내 토
론에서 승리자는 '같은 편이 많은 사람'이기 때문이다.

운도 실력이라는
세상에서 가장 바보 같은 말

이번에는 운과 실력의 영역을 제대로 구분할 생각을 하지 않고 횡포를 휘두르는 윗사람에 대한 이야기를 해보자. 제아무리 신통한 부적을 써도 운을 벌어들일 수는 없다. 그런데도 운을 벌어들이라고 강요하는 사례가 종종 있다. 회사 임원이 이런 지시를 내렸다고 가정해보자.

"김 대리, (지금은 구독자 수 1천 명이지만) 올해 안에 100만 구독자 채널을 만들어봅시다."

김 대리가 1년 안에 100만 구독자 채널을 만들 확률은 얼마나 될까? 회사는 유튜브 구독자를 단기간에 끌어올릴 방법을 갖고 있지 않다. 즉, 실력이 부족하다. 그렇다면 전적으로 운에 기대어 구독자 수가 늘기를 바랄 수밖에 없다. 김 대리에게 매우 부조리한 상황이다.

실제로 기업에서 이런 식의 의사결정이 흔히 일어난다. 터무니없이 높은 목표를 일방적으로 제시하면서 구체적인 방법은 알려주지 않는 것이다. 시간과 돈이라는 자원을 어떻게 투입해 성과를 낼지에 대해서는 생각지도 않는다. 심지어 시간과 돈을 되도록 쓰지 말고 성과를 내라면서 기업의 원대한 꿈과 미래에 대해 늘어놓는다. 결과는 불 보듯 뻔하다. 직원은 목표를 달성하지 못하고 자신의 실력을 탓하며 의기소침해진다. 회사는 목표를 달성하지 못한 직원의 고과를 낮게 매기며 연봉을 동결할 핑계를 만들어낸다. 이 모든 것은 교묘하게 이루어지고 그럴듯해 보이므로 직원은 회사를 그만두지 못한다. 사실 이런 식의 목표 설정은 다음과 크게 다르지 않다.

"김 대리, 이번에 로또에 당첨되는 방법 좀 연구해봐요."

전략 없이 목표만 높게 설정하는 것은 전적으로 '운'에 기대라는 말과 크게 다르지 않다. 이런 회사에서 크게 성장하기란 불가능하므로 나는 조심스레 퇴사를 권하고 싶다. 그런데 더 큰 문제가 있다. 멀리 갈 것도 없이, 목표만 높이 세우는 회사처럼 자기 자신을 몰아붙일 때가 있다는 것이다. 어떠한 전략도 없이 '10년 안에 50억 부자', '1년 안에 100만 구독자'와 같은 높은 목표를 설정해놓고 스스로를 괴롭히지 않는가? 무엇부터 실행해야 할지 알지도 못하고 프로세스를 분해해보지도 못했는데 과연 목표를 이룰 수 있을까?

'운'이라는 기적만을 바라는 사람의 말로는 스포츠토토의 사례에서 이미 확인한 바와 같다. 나는 나의 소중한 돈과 시간을 운에 걸고 싶지 않다. 그저 '나는 부자가 될 것이다'라고 긍정적으로 생각'만' 하며 기적을 바라고 싶지도 않다.

슈퍼노멀이 되려면 그 반대의 길을 걸어야 한다. 막연하게 바라는 대신 구체적인 실행 과정을 낱낱이 파악하고, 각각의 과정을 노력하면 기를 수 있는 '실력의 영역'과 내 힘으로 어찌할 수 없는 '운의 영역'으로 구분해야 한다. 그런 뒤에 유한한 자원인 돈과 시간을 어떻게 투입할지 결정하면 된다.

운과 실력을 구분하면
당장 해야 할 일이 보인다

간절히 바라면 이루어진다는 '끌어당김의 법칙'이 유행한 적이 있다. 그런데 정말 어떤 우연적 결과를 끌어당김으로써 확률을 극복할 수 있을까? 끌어당김의 고수와 내가 5번 정도 동전 던지기를 한다면 승률은 단기적으로 그가 좋을 수도 있다. 둘 다 승리를 간절히 바란다고 해도 말이다. 그러나 시도 횟수를 늘리면 이러한 현상은 완전히 사라지게 된다. 동전 던지기 횟수를 1만 회로 늘린다면 결국 승률이 50%에 수렴한다는 데에 내 모든 것을 걸 수 있다.

지금부터는 진짜 '주입식 교육'으로 분해 과정을 파헤쳐보자. 운과 실력을 분해할 줄 알고 나면 끌어당김 같은 것이 없어도 내 사업을 어떻게 성공시킬 수 있을지 실마리가 보일 것이다. 먼저 돌연변이, 즉 모방하고자 하는 작업의 프로세스를 처음부터 끝까지 일목요연하게 정리하는 것부터 시작한다. 프로젝트가 시작하는 순간부터 끝날 때까지의 과정을 시간 순서대로 서술하면 된다.* 예를 들어, '24시간 무인 카페'를 차리고 싶다면, 입지를 분석하여 상가를 계약하고, 인테리어를 진행하고, 영업 신고를 하고, 오픈 이벤트를 홍보하고, 가게 오픈 뒤 후속 홍보를 하는 등의 과정을 거쳐야 한다. 이런 식으로 최대한 자세하게 적어보는 것이다. 내 전문 분야인 유튜브 작업을 간단히 정리해보면 다음과 같다.

주제 선정 → 제목 짓기 → 섬네일 디자인 → 원고 작성 → 촬영 → 편집 → 업로드 → 채널 성장

그다음으로 이어지는 작업이 매우 중요한데, 과정 하나하나를 운의 영역은 무엇이고 실력의 영역은 무엇인지 나눠보는 과정이다.

일곱 살 아이와 팔씨름을 한다면 억지로 져줄 자신이 있는가? 100번이라도 져줄 수 있을 것이다. 팔씨름은 운의 좋고 나쁨과는 관계없는 절대적인 실력의 영역인데, 당신의 실력이 월등히 뛰어나기 때문이다. 그럼 주사위 던지기

---

* 기본 과정을 나열하는 것이 어렵다면 당신은 아직 시작할 준비가 되지 않았다. 다시 1단계로 돌아가서, 돌연변이를 찾아내고 모방하는 방법부터 배워야 한다.

게임은 어떨까? 알 수 없다. 주사위 던지기는 실력의 요소가 철저히 배제된 '운'의 영역이기 때문에 일곱 살 아이와 겨룬다고 해도 져줄 수가 없고, 매번 이길 수도 없다.

이렇듯 만약 '운'과 '실력'의 영역을 구분하기 쉽지 않다면 '일부러 패배할 수 있는지'를 기준으로 삼으면 된다. 초보자에게 억지로 패배할 수 있다면 실력의 영역, 그럴 수 없다면 운의 영역이다. 팔씨름은 억지로 져줄 수 있으므로 실력의 영역이지만, 가위바위보를 억지로 져줄 수는 없으므로 운의 영역인 셈이다.

🎯 운과 실력을 구분하는 방법

억지로 패배할 수 있다 → 실력

억지로 패배할 수 없다 → 운

참고로 나는 유튜브의 세계에서 운과 실력의 영역을 다음과 같이 구분한다.

일부러 원고를 못 쓰거나(4단계) 촬영과 편집(5·6단계)을 낮은 퀄리티로 만들어내는 일은 충분히 가능하므로 실

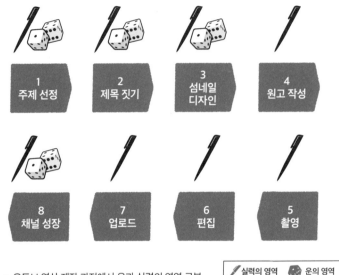

▶ 유튜브 영상 제작 과정에서 운과 실력의 영역 구분

실력의 영역   운의 영역

력의 영역이다. 반면 어떤 주제가 사회적 이슈로 부각되어 급성장하는 현상을 의도적으로 만들어내기는 어려우므로(2020년의 뜨거운 키워드였던 '동학개미운동'이 여기 해당한다), 주제 선정에는 운과 실력의 영역이 뒤섞여 있다. 이제 분해를 했으니 어떻게 하면 '유튜브 사업'을 성공시킬 수 있을지 생각해보자. 유튜브 영상 조회 수와 구독자를 늘리려면 어떻게 해야 할까? 일단 실력을 높여야 한다. 원고를 맛깔나게 쓰고(4단계), 촬영과 편집 퀄리티(5·6단계)를 끌어올리면 된다. (운의 영역에서 성공 확률을 크게 높이는 방법은 슈퍼노멀 프로세스 4단계에서 설명하겠다.) 어떠한 일을 성공시키려면 실력이 필요한 영역에서는 실력을 끌어올리면 된다. 그러나 운의 영역에서 실력을 쌓으려는 노력은 효과가 거의 없다는 사실을 기억해야 한다.

모든 프로젝트는 시작하기 전에 반드시 분해의 과정을 거쳐야 한다. 확률이 필요한 곳에서 실력을 쌓으려고 시도하거나 실력이 필요한 곳에서 확률 타령을 하지 않기 위해서다. 엉뚱한 곳에 한정된 자원을 투여하면 정작 써야 할 곳에 쓰지 못하는 비극이 벌어진다. 특히 엄청난 돈과 시간을 들여 운의 영역을 훈련하는 것은 그야말로 낭비다.

훈련과 시도는 둘 다 많은 횟수를 반복해야 한다는 점에서 유사하기 때문에 헷갈리기 쉽다. 정리하면 훈련이 필요한 곳은 '실력의 영역'이고, 여러 번의 시도가 필요한 곳은 '운의 영역'이다. 체계화된 훈련과 많은 반복을 위해서는 프로세스가 필요하다. 그런 프로세스 없이 매번 마음이 이끌리는 대로 다른 시도를 한다면 절대 폭발적인 성공을 거둘 수 없다. 이제 확률 세계의 전략과 실력 세계의 전략을 구체적으로 알아보자.

운의 영역에는 운의 전략을, 실력의 영역에는 실력의 전략을 써라

스포츠토토에 가산을 탕진하고 폐인이 된 사람이 운과 실력의 영역을 제대로 분해할 줄 알았다면 어땠을까? 복권 당첨이 어쩌다 찾아온 행운임을 알고 당첨금으로 원하는 것을 사거나 저축을 했을 것이다. 또한 '초심자의 행운'에 걸려든 자영업자가 교만해지는 일도 없을 것이다. 많은 기업들이 '로또 당첨'과 같은 갑작스런 매출 상승을 꿈꾸며 직원을 닦달하지도 않을 테고 말이다. 이렇듯 분해는 '허튼 짓'을 하지 않게 해준다는 점에서 매우 중요한 과정이다.

자, 분해를 마쳤다면 이제 나의 소중한 자원을 어디에 투여할지 판단할 시간이다. 실력의 영역에 속하는 작업에는 자원을 아낌없이 투입해야 성공 확률을 높일 수 있다. 유튜브를 하는데 원고를 쓰고 영상을 편집하는 능력이 부족하다면 책과 강의를 통해 실력을 키우면 된다. 시험에 자꾸 떨어진다면 단번에 붙을 정도로 실력을 향상시키면 된다. 실력의 영역에서는 '노력'의 가치가 빛을 발한다.

반면 운의 영역에 속하는 일이라면 시간이나 돈과 같은 자원을 한 번에 크게 들일수록 손해다. 로또에 전 재산을 걸 수는 없지 않은가. 운이 좋으면 성공이지만 운이 나쁘면 완전한 실패다. 나는 운의 영역에서 성공 확률을 끌어올리는 유일한 방법은 '되도록 많이 시도해보는 것'이라는 사실을 깨달았다. 주사위를 여러 번 던지면 언젠가 6이 나올 것이다. 운의 영역에서는 '빈도'가 관건이며, 한 번 시도할 때 드는 자원을 최소화해야 최대한 여러 번 시도할 수 있다.

여기서 성공 확률을 높여주는 슈퍼노멀의 다음 법칙에 대한 힌트를 얻을 수 있다. 실력의 영역에서 가장 빠르고

🎯 **자원을 분배하는 방법**

실력의 영역 → 내 실력을 높이는 데 자원을 아낌없이 투입한다

운의 영역 → 최대한 낮은 비용과 시간을 들여 여러 번 시도해 확률을 높인다

효율적으로 학습할 수 있는 방법을 3단계에서, 운의 영역에서 효과적이고 합리적으로 빈도를 높이는 방법은 4단계에서 자세히 살펴볼 예정이다.

분해를 잘하지 못하면
리더가 될 수 없다

"무슨 말인지는 잘 알겠습니다. 그런데 도대체 제가 하는 일을 어떻게 분해하죠?"

가끔 이렇게 묻는 이들이 있다. 나는 슈퍼노멀의 길을 향한 한 단계 높은 차원의 도약을 위해서는 무언가 시도하기 전에 반드시 분해를 해보아야 한다고 말한다. 이를 통해 내가 가진 자원을 과정마다 적절히 배분하여 효율을 높일 수 있기 때문이다.

그런데 만약 분해조차 하지 못할 정도로 그 일이 익숙하지 않다면, 일단 익숙해지는 것부터 시작해야 한다. 운과 실력은 잠시 미뤄두고, 성과에 대해서는 연연하지 말고 여러 번 시도해보아야 한다. 먼저 과정 자체를 몸에 익힐 필요가 있다. 결과가 형편없으리라는 걱정도 잠시 내려두자. 이 단계에서는 당연한 수순이다. 그러나 어떤 사람들은 여러 번의 시도를 할 수 없다. 성과로부터 자유로워질 수 없기 때문인데, 특히 똑똑하고 평판이 높은 사람일수록 더욱 그런 경향이 있다. 이들은 시도의 결과가 형편없을까 봐 불안해한다. 이 문제를 어떻게 해결할 수 있을까? 이들을 위한 솔루션은 바로 학습, 즉 '배우는 것'이다.

먼저 해당 분야에서 체계적으로 분해를 해놓은 사람을 찾아야 한다. 예를 들어, 부동산이나 주식 투자로 돈을 벌고 싶은데 무엇부터 해야 할지 모르겠다면 그 분야의 전문가에게 배우면 된다. 무엇부터 시작해야 하는지, 어떤 자료에 주목해야 하는지, 어떤 방식으로 투자하면 좋은지 등 투자 순서와 과정을 자세히 배울 수 있다. 에베레스트산을 등반할 때도 산 중턱까지는 차를 타고 이동한다고 한다. 돈을 주고서라도 그 분야의 '고수'에게 배워서 기본기를 탄탄하게 다지는 게 효율적이다.

어떤 분야의 '고수'로 불리는 이들은 이미 자신의 분야에 대한 분해를 완벽히 끝낸 사람들이다. 무엇부터 시작하고, 어떤 과정을 거쳐서, 어떤 결과가 나오는지를 안다는 뜻이다. 나 또한 180만 명의 〈신사임당〉 채널을 키운 유튜브 전문가로서, 유튜브 작업 과정을 낱낱이 분해해 이를 100강이나 되는 강의로 풀어낸 적이 있다. 만약 당신이 지금 하려는 일의 프로세스조차 제대로 정립하지 못하고 있다면, 아직은 폭발적인 성장을 기대할 때가 아니다. 물론 당신도 언젠가 분해를 할 줄 아는 사람이 되어야한다. 결국엔 분해를 할 줄 아는 사람이 리더가 되고 그러지 못하는 사람은 팔로워로 남을 테니까.

한편 '너무나 익숙한 일이라 굳이 분해할 필요성을 느끼지 못한다'는 사람들도 있다. 이런 분들에게도 분해는 필수라고 강조하고 싶다. 일의 과정을 낱낱이 정리하다 보면 자연스레 성장을 이끄는 질문이 머릿속에 떠오르기 때문이다.

내가 왜 성공했지?

반복해서 성공하려면 어떻게 해야 할까?

어떤 부분에서 운이 좋았나?

어떤 부분에서 실력을 더 쌓으면 더 크게 성공할 수 있을까?

프로세스를 더 효율적으로 단축할 수는 없을까?

이렇게 스스로를 점검해볼 수 있기 때문이다. 분해를 통해 더 크게 성공하고 슈퍼노멀의 길을 걸을 수 있는데, 분해하지 않을 이유가 있을까?

'0'에서 시작해도 반복해서 성공하는 삶을 위하여

어느 날, 유튜브 채널을 새롭게 개설하고 영상 5개 정도를 올렸을 때의 일이다. 10만 회를 넘긴 영상 하나를 제외하고 나머지는 1~2천 뷰에 그쳤다. 3주가 지났지만 구독자 수는 처음과 비교해 딱 14명 늘었다. 실망한 직원들의 눈빛이 읽혔다. '이제 우리 망하는 거 아닐까?' 하는 두려움도 엿보였다.

"당장의 결과만 보고 실망할 필요는 없어."

나는 단호하게 말했다. 당장의 결과보다는 '과정', 즉 프로세스가 더 중요하다고 생각했기 때문이다. 우리의 프로세스는 옳았다. 나에게는 180만 채널을 성장시킨 경험과 실력이 있었다. 그리고 운과 실력의 영역을 구분하여 적재

적소에 자원을 투여하고자 노력했다는 점에서 프로세스에도 문제가 없었다. 게다가 3주 만에 1만 회를 넘긴 '대박 영상'을 만들어냈지 않은가. 앞으로 최대한 여러 개의 영상을 만든다면 언젠가 구독자 수도 늘어날 것이라고 확신했다.

한 번 시도해보고 절망해서는 안 된다. '이번에는 운이 나빴다'고 변명하며 숨을 필요도 없다. 당장의 결과에만 집중하지 말고 과정을 들여다보자. 프로세스가 완벽했다는 가정 아래, 여러 번 시도한다면 분명 반복해서 성과를 낼 수 있다. 이것이 바로 내가 구독자 0명에서 다시 유튜브를 시작할 수 있었던 비결이다.

이미 망했다고 생각했고, 성장할 수 없을 거라 생각했던 유튜브 채널 〈주언규joo earn gyu〉는 이제 다시 24만 명이 넘는 구독자를 보유하고 있다. 나는 이미 분해를 통해 이 일의 프로세스를 알고 있었고, 모든 실력의 과정에서 최선을 다해 함께하는 이들을 교육했다. PD와 작가들은 그 과정을 성실히 수행하여 원고를 쓰고 섬네일과 제목을 만들었다. 나는 그 원고를 내가 할 수 있는 최선의 방식으로

소화했다. 그리고 기다렸다. 행운의 영역이 작동할 때까지. 아멘.

당장의 결과에
집착하지 마라

정말 숫자가 모든 것을 증명해줄까

"숫자로 증명하라."

다 필요 없고 실적으로 보여달라는 무서운 말이다. 학생이든 직장인이든 자영업자든 숫자로 평가받는 세상이다. 세상은 당신에게 끊임없이 숫자라는 결과로 증명하기를 강요한다. 오디션 프로그램 1등을 거머쥔 사람이 최고의 실력과 매력을 가진 가수로 인정받고, 자동차를 가장 많이 판매한 딜러가 우수한 직원으로 인정받는 식이다. 성과지향주의 사회에서는 당연한 말로 들린다.

다시 생각해보자. 정말 '결과'가 '실력'일까? 당신은 이 제 실력과 결과를 동일시할 수 없음을 깨달았을 것이다. 모든 일의 성패는 운과 실력이 복합적으로 작용한 결과이 기 때문이다. 프로세스는 미비했지만 운이 따라주어서 의 외의 성과를 낸 사람도 있다. 프로세스는 옳았고 최선을 다했지만 운이 따르지 않아서 실패한 사람도 있다. 이렇 듯 복잡하지만 대부분의 사람들은 전자에는 박수를 치면 서 후자에는 혹독한 평가를 내린다.

그러나 절대 결과가 모든 것을 증명하지 않는다. 프로세 스, 즉 과정이 더욱 중요하다. 운과 실력을 분해하는 이 방 식은 결과보다는 과정이 중요하다는 사실을 일깨워준다.

'노력'의 가치가 빛을 발하는 순간

내가 '분해'의 중요성을 더욱 깨닫게 된 시기가 있었다. 〈신사임당〉 채널의 구독자 수가 10만쯤 되었을 때의 일이 다. 이때쯤 나는 한계치에 이르렀다고 생각했다. 하루에 서너 시간 쪽잠을 자고 다시 일하러 나갈 때면 절로 한숨 이 나왔다.

'언제까지 이렇게 살 수 있을까?'

더 이상 버틸 수 없을 때쯤 나는 '킵 고잉keep going'을 해야 하는지를 두고 한참을 고민했다. 솔직히 포기하고 싶었다. 하지만 멈추지 않기로, 유튜브에 더 많은 시간과 정성을 쏟기로 결론을 내렸다. 잘 해보고 싶은 마음이 더욱 컸기 때문이다.

돌이켜보면 그 선택은 옳았다. 유튜브를 성장시키고자 하는 나의 목표는 확고했다. 이를 위해서 반드시 실력을 키워야 했다. 내 영상이 더 많은 사람들에게 노출되고 수백만 조회 수의 '대박 영상'이 나오는 것, 구독자 수가 폭발적으로 늘어나는 것은 내가 통제할 수 있는 영역이 아니다. 유튜브 알고리즘이라는 신에게 전적으로 의존해야 하는 '운의 영역'에 속한다. 그러나 섬네일 디자인, 원고 작성, 편집 등 실력의 영역에서는 내가 더 노력해볼 수 있었다. 서너 시간 쪽잠을 자더라도 실력을 기른다면 지금보다 더 나은 결과를 얻을 것이라 확신했다. 빠른 시간 안에 구독자 수가 '퀀텀 점프'한 것은 내가 운이 좋아서이기도 하지만, 그동안 실력을 쌓았기 때문이기도 할 것이다.

이렇듯 운에는 준비가 된 자만이 볼 수 있는 빛이 있다. 우리가 말하는 유튜브 알고리즘의 은혜가 그러하다. 그간 올린 영상 중 하나가 알고리즘을 타고 이슈가 되었다고 가정하자. 놀랍게도 30만 명이나 이 영상을 봤다고 가정했을 때, 과연 몇이나 이 채널을 지속적으로 구독할까. 영상의 퀄리티, 재밌는 섬네일, 위트 있는 자막과 편집이 다른 영상에서도 보장되지 않는다면 정말 원 히트 원더로 생명력이 끝나버릴 수도 있다.

'열심히 한다고 되겠어?' 하는 생각이 들 때가 있다. 당장 노력의 가치를 평가절하하고 싶어질 것이다. 당신의 시도는 성공할 수도 있고, 실패할 수도 있다. 그러나 실력의 영역을 끌어올린다면 분명 어제보다 나은 미래를 만나게 되리라 믿는다.

'실패'가 아니라 '작은 성공'이다

"열심히 사는데 왜 내 삶은 나아지지 않을까요? 저는 왜 자꾸 실패만 할까요?"

나에게 이런 상담을 해오는 분들이 많다. 정말 열심히 노력했는데도 좀처럼 성과가 나지 않는다는 것이다. 50만 원, 100만 원 더 벌기가 말처럼 쉽지 않다. 시간과 돈, 에너지라는 소중한 자원을 들여서 실력을 키웠는데도 상황이 나아지지 않으면 허탈할 수밖에 없다. 그 마음을 충분히 이해한다.

나는 위로의 말 대신, '사실 대부분의 시도는 실패한다'는 냉정한 사실을 알려주고 싶다. 당연히 노력했어도 실패할 수 있다. 완전히 실력의 영역에 존재하는 일은 그다지 많지 않기 때문이다. 성공할 확률을 높이는 방법을 알려주겠다고 이 책을 썼지만, 이 책을 따라 한다고 해서 곧바로 성공을 거머쥘 수 있을까? 그것은 알 수 없다. '운이 나쁘다'는 이유로 실패할 수도 있다. 그러나 과정이 옳았다면 비록 실패했어도 시도는 옳은 선택일 수 있다고 생각한다. 아니, 옳은 선택이다. 지치지 않고 여러 번 시도한다면 언젠가 성공할 테니까.

어제보다 오늘, 조금 더 실력을 쌓아 올렸는가? 그러면 됐다. 과정이 옳다면 당신의 시도는 실패가 아니다. 성공을 향해 달려가는 '작은 성공'을 했을 뿐이다.

성공한 사람에게서는
한 가지 공통된 특성이 있었다.
그건 목표를 향해 오래 나아갈 수
있는 열정과 끈기였다.

— 앤절라 더크워스
  『그릿』 저자

3단계
먼저 실력의 영역을 정복한다

SUPER NORMAL

어떤 사람들은 포기가 빠르다.
혹시 당신도 그러한가?

나를 붙들고 어떻게 해야 유튜브로 돈 벌 수 있는지, 지금도 유튜브가 돈이 되는지 묻는 분들이 많다. 물론 유튜브는 여전히 돈이 된다. 유튜브는 현재 가장 많은 사람이 모여 있는 공간이고, 그곳에서의 영향력이 커질수록 돈은 자연스레 따라올 것이다. 지금은 평범한 '노멀'일지라도 유튜브의 세계에서 영향력을 키울 수 있다고 확신한다. 문제는 나에게 질문하는 이들 대다수가 영상 몇 편 찍어서 올리다가 반응이 없으면 곧바로 접어버린다는 데 있다. 쉽게 중도 포기하는 그들은 유튜브를 성공시키기 위해 자신이 찍어 올렸던 몇 편의 영상들이 사실은 성공에 가까워지는 몇 걸음이었음을 모르는 것 같다.

당연한 말이지만 목표를 이루려면 노력해야 한다. 그것도 현명하게 노력해야 한다. 어떻게 하면 '현명하게' 노력할 수 있는지에 대해서는 이미 이야기했다. 먼저 간절히 성공시키고 싶은 일의 모든 프로세스를 낱낱이 쪼개보고 운과 실력의 영역으로 분해해본다. 운이 크게 영향을 미치는 곳에서는 운의 전략을, 실력이 크게 영향을 미치는 곳에서는 실력의 전략을 따르면 된다. 이때 (정도의 차이는 있을지라도) 시간을 투입하면 100% 성장할 수 있는 '실력의 영역'에서는 체계화된 목표를 세우고 그 목표를 차근차근 현실화해야 한다. 이것이 바로 내가 성공하고 싶다는 사람에게 바라는 사고방식이다.

◎ 슈퍼노멀 3단계 법칙

먼저 실력의 영역을 정복한다
즉, 실력의 영역을 구분한 뒤 학습한다
이때 포기하려는 마음에 굴복하지 않도록 '성장의 해상도'
를 높인다

포기를 모르는 사람이
슈퍼노멀이 된다

지금까지의 슈퍼노멀 프로세스를 정리하면 다음과 같다. 모든 일의 성패는 운과 실력의 요소가 결합하여 결정된다. 최대한의 성과를 내기 위해서는 운과 실력, 각 요소별로 전략을 다르게 수립하여 한정된 자원을 투입하면 된다. 이때 운과 실력의 가장 큰 차이점은 '축적의 가능성'이다. 아무리 노력해도 운을 쌓아둘 수는 없다. 오늘 복권이 당첨되었다고 내일 또 당첨될 리는 만무하다. 당첨 확률을 높이는 유일한 방법은 복권을 사서 긁어보는 것, 즉 '최대한 여러 번 시도'해볼 뿐이다. 운이 크게 영향을 미치는 단계에서는 비용을 낮춰서 최대한 여러 번 시도해보아야 한다. 그렇다면 실력이 중요한 단계에서는 어떤 전략을 세워야 할까? 답은 매우 간단하다. 실력을 쌓으면 된다. 운은 쌓을 수 없지만 실력은 쌓을 수 있다는 사실을 잊지 말자.

사업이나 투자 등에서도 성공하려면 실력의 요소를 제대로 끌어올려야 한다. 유명한 부동산 투자자의 일화가 떠오른다. 투자 초반, 그는 부동산을 보는 안목을 기르기 위해 최대한 많은 곳을 임장(현장 답사)하며 지역 분석을 하기로 마음먹었다. 그는 한동안 한 달에 20일씩 지방과 수도권을 가리지 않고 임장을 다녔다. 놀랍게도 직장을 다니면서 월급쟁이 신분으로 해낸 일이다. 퇴근 후에 밥을 제대로 챙겨 먹지도 못하고 버스비마저 아끼기 위해 먼 길을 터덜터덜 걸어 다니던 마음은 어땠을까. 임장을 다니느라 발바닥이 부르트고 발톱이 빠진 적도 있었다고 한다. 한 곳이라도 더 가기 위해 추운 겨울에도 창문을 열고 내달렸다. 그즈음에는 아내와 아이들의 얼굴도 보기 힘들었다고 고백한다.

이 이야기의 주인공은 『월급쟁이 부자로 은퇴하라』

(RHK, 2022)의 저자 '너나위'다. 〈신사임당〉의 '아는 선배'라는 코너에 출연했던 그는 누가 어떤 지역에 대해 물어도 곧바로 현명하게 조언해주었다. 그 비결은 타의 추종을 불허하는 그의 엄청난 노력에 있을 것이다. 그와 투자에 관한 대화를 나누며 알게 된 사실이 있다. 임장을 하는 그의 걸음 수에 정확히 비례하여 부동산에 대한 정보량이 증가했다는 사실이다. 수십만 걸음 끝에 그는 방대한 양의 정보를 얻게 되었다. 그럼에도 불구하고 미래의 금융 환경이나 부동산 가치 등락 등 '확률의 영역'에 대해서는 언제나 겸손했다. 한마디로 그는 실력의 영역에서 누구도 따라올 수 없다는 자신감을 가진 동시에, 확률의 영역에서는 누구도 흉내 내기 힘든 기분 좋은 겸손을 겸비한 사람이었다. 그는 정확하게 실력과 확률의 영역을 구분할 수 있는 슈퍼노멀임이 분명했다.

내가 만난 슈퍼노멀 중 단지 운만 좋아서 성공한 사람은 없었다. 그들의 성공 뒤에는 실력을 쌓기 위해 포기를 모르고 부단히 학습했던 인내의 시간이 있었다.

쉽게 포기하는 사람들을 위한
성공의 잔기술

"너나위요? 발바닥이 부르틀 정도로 포기하지 않는 분이니까 성공했죠. 저는 그렇게까지 끈기가 없는데, 역시 이번 생에는 슈퍼노멀이 될 수 없는 걸까요?"

내가 노력의 가치를 강조하면 이렇게 이야기하는 분들이 있다. 이런 분들을 위해 이번에는 '포기'에 대해 생각해보자. 우리가 포기를 받아들이고 마는 순간은 언제인가. 돈이 떨어지거나, 다시 일어설 수 없을 정도로 피해를 입거나, 주위에서 극단적으로 만류하거나…. 매우 다양하다. 하지만 대부분의 사람들은 바로 다음과 같은 순간에 포기하고 만다.

그것은 바로 설렘과 열정이 사라지는 순간이다.

처음 무언가를 시작할 때는 언제나 열정의 용광로에서 탄생한 목표와 꿈이 우리의 마음을 뜨겁게 덥히고 설레게 한다. 그러나 이를 현실화하는 과정은 하나같이 평범하고 반복적인 작업이라 지겹기 이를 데 없다. 시도 횟수를 늘리면 성공 확률이 폭발적으로 증가하는 'A'라는 선택지가 있다고 가정해보자. A를 반복해야 성공한다는 사실을 이성적으로 알고 있다고 해도, 이를 실제로 실행하기란 쉽지 않다. 처음에는 열정이 불타오르지만 시간이 지나면서 A를 하는 이유와 목적을 계속해서 망각하기 때문이다. 따라서 우리는 최초의 꿈과 시도의 목적을 잊지 않기 위해 지속적으로 노력해야 하며, 성공에 가까워지고 있음을 수시로 확인하며 스스로를 설득해야 한다.

특히 시간을 들이면 무조건 해낼 수 있는 '확률 100%의 영역', 즉 실력의 영역에서부터 성공을 맛보기를 권한다. 슈퍼노멀 성장 방식이 필요한 초보자일수록 작은 실패에도 쉽게 좌절하고 포기하기가 쉽기 때문이다. 나 또한 의지력이 매우 약한 사람이라서 매일같이 스스로를 이성적으로 설득하려고 노력한다.

문제는 실력의 영역에서조차 인내하는 것을 어려워하는 사람들이 있다는 점이다. 나 또한 마찬가지였다. 100°C에서 물이 끓는다는 사실을 알면서도 99°C에서 멈춰버리던

▶ 큰 지도에서는 나의 움직임을 확인하기 힘들지만 크게 확대해보면 목표를 향해 잘 가고 있음을 알 수 있다. (출처 : 카카오맵)

시절이 있었다. 그럴 때는 얼마나 더 노력하면 성과를 낼 수 있는지 직접 눈으로 확인할 수 있도록 '온도계'를 꽂아 주어야 한다.

나는 이러한 과정을 '성공 지도의 해상도를 높인다'고 표현한다. 내비게이션을 켜고 목적지로 향할 때를 떠올려 보자. 큰 지도에서는 내가 전혀 움직이지 않는 것처럼 보인다. 이때 지도를 아주 크게 확대해보면 비로소 내가 목표로 하는 방향으로 잘 움직이고 있음을 확인할 수 있다. 실력의 영역을 성장시키는 방식도 크게 다르지 않다. 하루 단위, 혹은 시간 단위로 목표를 잘게 쪼개고 이를 제대로 지키고 있는지 매번 확인해야 한다. 그럼 아주 작은 단위로 실력이 쌓이고 있음을 눈으로 직접 확인할 수 있다. 성장에 있어서 이보다 더 정확한 온도계는 없다.

'성공 지도'의 해상도를 높이는 구체적이고 확실한 방법

앤절라 더크워스의 『그릿』(비즈니스북스, 2019)은 실력의 영역을 채워주는 노력의 가치를 일깨워주는 책이다. 저자는 성공한 사업가, 운동선수, 영업자 등 한계를 뚫고 위인으로 불린 사람들을 다방면으로 연구하며 너무나 분명한 한 가지 사실을 도출해냈다. 성공에 있어서 특별한 재능보다 근성과 포기하지 않는 끈기(저자는 이를 '그릿'이라고 부른다)가 더욱 중요하다는 것이다. 더불어 그는 끈기나 의지력을 갖고 성장하기 위해서는 '의도가 있는 체계화된 훈련'을 해야 한다고 말한다. 나는 정확히 책의 이 부분에 밑줄을 쳤다.

도대체 '의도가 있는 체계화된 훈련'이란 무엇일까?

『그릿』뿐만 아니라 수많은 책이 성장을 위해 노력과 훈련의 중요성을 강조하지만, 그것을 실제로 어떻게 구성하고 실행해야 하는지에 대해서는 말해주지 않았다. 그저 '훈련은 사람을 성장하게 한다'는 증거가 나열되어 있을 뿐이었다. 나는 이 문제를 해결하기 위해 엘리트 스포츠 선수를 길러내는 코치들의 트레이닝 방식을 찾아보았다. 급기야 흥미가 생겨 '수영'이라는 스포츠를 시작하게 됐다.

수영을 배울 때 '의도가 있는 체계화된 훈련'을 어떻게 구현할 수 있을까? 다음 중 무엇이 더욱 체계적이고 오랫동안 더욱 흥미를 유지하게 해주는 방식인지 생각해보자.

방식 1 : '수영 잘하기'라는 목표를 세우고 열심히 연습하기

매일같이 수영장에 나와서 5시간 이상 연습한다.

방식 2 : 모든 과정을 잘게 쪼개서 작은 목표를 세우고 달성 여부 확인하기

① 똑같은 거리를 두고 몇 번의 팔을 저어서 가는지 숫자를 세고, 그 횟수를 줄이는 것을 목표로 한다.

② 팔 젓는 횟수를 줄이고도 속도를 유지하는 것을 목

표로 한다.

③ 팔 젓는 횟수와 속도를 유지하면서 물의 저항을 최소화하는 자세를 습관화하는 것을 목표로 한다. 정면에서 봤을 때 가장 작은 점이 되도록 몸을 막대기처럼 만드는 연습을 한다.

중간에 '수영 포기자'가 되지 않도록 흥미를 붙들어주는 연습 방식은 단연코 '방식 2'이다. '수영 잘하기'라는 큰 목표 덩어리를 '의도가 있는 체계화된 훈련'으로 구현해냈다. 이처럼 막연한 목표를 단기 목표로 잘게 쪼개어 체계화하고 반복하는 훈련 방식을 도입하면 포기의 시점을 훨씬 뒤로 미룰 수 있다. 보통 포기하는 이유가 '더 성장하지 않아서'라면, 이러한 방식을 통해 나의 성장을 더욱 자주 확인할 수 있기 때문이다. 예를 들어, 속도는 전혀 빨라지지 않았지만 팔을 젓는 횟수가 감소해도 성장이고, 그 자세를 유지하면서 수영할 수 있는 시간이 늘어나는 것도 성장이다. 속도가 빨라지는 것은 두말할 나위 없이 성장이고, 투입되는 체력이 줄어들어도 성장이라고 말할 수 있다.

물론 단순히 하나의 요소를 달성했다고 수영을 잘하게 되는 것은 전혀 아닐 수 있다. 그러나 '수영을 잘하는 데 필요한 요소'를 하나 갖추게 되었음은 너무나도 분명한 사실이다. 물이 끓는지를 온도계로 확인하듯 성장의 정도를 두 눈으로 명확히 파악할 수 있다. 이러한 방식으로 물이 끓는 그날이 올 때까지 온도를 점차 높여가며 성장을 멈추지 않을 수 있다.

수영을 배우던 와중에 슬럼프를 겪던 나는 어느 주말 아침, 팔을 휘젓는 행위가 20번에서 16번으로 줄어들었음을 알게 되었다. 그때 내가 성장했음을 생생히 느낄 수 있었다. 다른 사람은 모르지만 나만 아는 성장의 신호였다. 다른 사람이 몰라주어도 상관없다. 내가 성장했음을 스스로 깨닫는 과정이 중요하다. 그래야 중도 포기하지 않을 수 있기 때문이다. 슈퍼노멀의 길에 포기란 없지 않은가.

한편 실력의 영역을 훈련할 때 반드시 기억해야 할 점이 있다. 실력을 제대로 성장시키기 위해서는 내 능력치보다 조금 높은 수준의 강도로 훈련해야 한다는 사실이다. 현재 내 수준과 너무 동떨어진 강도 높은 훈련은 오히려 자신감만 갉아먹을 뿐이다.

이때 훈련 강도를 높이는 방향은 두 가지로 나눌 수 있다. 첫째, 동일한 수준을 유지하면서 시간을 줄이는 훈련이다. 1시간에 10판의 피자를 만들고 구워냈던 아르바이트생이 같은 품질의 피자 20판을 만들 수 있게 되었다면 확실히 성장했다고 말할 수 있다. 이런 목적의 훈련 방식은 '양'을 늘리는 데에 기여한다. 매일 우리에게 주어지는 24시간이라는 선물을 더욱 효과적으로 활용할 수 있도록 도와주는 것이다. 둘째, 동일한 시간에 더욱 훌륭한 결과물을 만들어낼 수 있도록 학습하는 훈련이다. 예를 들어, 5년 차 프로그래머는 숙련되지 않은 신입 프로그래머에 비해 더욱 나은 프로그램을 만들어낼 확률이 높다. 오랜 시간의 훈련을 통해 자신의 실력 수준을 끌어올렸기 때문이다. 이는 결과물의 질을 향상시키는 긍정적인 결과를 가져온다. 이때 같은 기간 동안 더욱 효과적으로 학습하기 위해서는 결과물의 질을 향상시켜주는 결정적인 요소가 무엇인지 알아내야 한다. (반대로 그다지 결과물의 질에 영향을 미치지 않는 요소는 훈련 대상에서 제외하는 과감함도 필요하다.)

핵심은 당신이 훈련을 하려는 목적이 '같은 시간 내에

더 많은 결과물을 만들어내기 위함'인지, 아니면 '같은 시간 내에 더 좋은 품질의 결과물을 만들어내기 위함'인지 명확히 알아차리는 것이다. 둘 다 중요한 요소니까 두 마리 토끼를 모두 잡겠다는 식의 훈련은 이도 저도 아닌 결과를 가져올지도 모른다. 시간을 단축할 아이디어도 떠오르고, 품질을 개선할 아이디어도 떠오른다면 훈련에서 우선순위를 매길 수 없으므로 혼란스러워지기 때문이다. 훈련의 목적을 분명히 하고, 목표를 단순하고 명확하게 설정하자. 목적이 명확하고 단순한 '의도된 훈련'은 초보자의 실력을 제대로 끌어올리는 데에 매우 효과적이다.

또 한 가지, 너무나 다행스러운 사실은 '단순 반복'이라는 훈련은 상대적으로 열정의 영향을 적게 받는다는 점이다. '나는 열정이 없어.'라며 자포자기하지 않아도 된다. 열정 없이 무언가를 반복해도 시간이 지나면 자연스레 달인이 되어 있는 경우가 많다. TV 프로그램 〈생활의 달인〉에 나오는 출연자들이 그렇다. 그들은 단순한 작업을 '무한 반복'했을 뿐인데 어느 순간 기인 수준의 달인이 되어 있었다.

그런데 혹시 달인 주변에서 같은 일을 하는 동료들을

눈여겨본 적 있는가? 가끔 그들이 카메라에 포착되는 순간을 눈여겨보라. 그들도 달인만큼은 아니지만 그에 못지 않은 실력을 갖추고 있다. 이는 반복 훈련을 하다 보면 반드시 실력이 쌓인다는 증거다.

시간을 저축하고
폭발적으로 성장하라

오랜 훈련을 통해 얻은 노력의 열매는 말로 표현하기 힘들 정도로 달콤하다. 노력은 시간을 저축하는 행위다. 관념적으로만 그런 게 아니라 현실적으로도 그렇다.

앞서 예시로 든 너나위의 부동산 투자 사례를 예로 들어보자. '현장 답사'라는 단어 안에는 무수히 많은 과정이 포함된다. 시세 파악, 주변 교통망 및 생활환경 확인, 학군 조사, 주민 인터뷰 등이 이에 해당한다. 그런데 현장 답사의 과정을 체계화하고 반복하여 습관화하다 보면, 어느 순간부터 '임장'에 대한 스트레스는 기하급수적으로 줄어든다. 스트레스가 줄어들면 더 많은 노력을 기울일 수 있게 되고, 실력은 일취월장할 수밖에 없다. 같은 시간을 투여해도 오랜 시간 훈련하여 숙련된 사람과 이제 막 시작한 사람의 성과는 양적·질적인 부분 모두에서 엄청난 차이를 보이게 마련이다. 처음 현장 답사를 갈 때보다 100번째 현장 답사에서는 엄청난 정보를 단시간에 습득하게 될 것이다. 이렇듯 연습과 훈련을 통해 무언가에 익숙해지면서 시간이 단축되는 경험은 누구에게나 있다. 시간을 벌어들인 것이다!

또한 실력이 쌓이면 자연스레 실패 확률도 줄어든다. 실력이 올라가면서 결과물의 수준이 덩달아 높아지기 때문이다. 야구에서도 몇 년간 꾸준히 3할 이상의 타율을 기록한 선수가 부상이나 노화 등의 이변이 없는 한 다음 해에도 좋은 성적을 내리라 기대해볼 수 있다. 그런가 하면 어떤 감독의 영화는 무엇이든 믿고 보게 되기도 한다. 그 감독의 실력으로 만든 영화라면 최소한 실망할 일은 없기 때문이다. 이렇듯 실력 있는 사람이 만들어내는 결과물은 평균적으로 수준이 높다. 나 또한 유튜브를 운영하면서 실력이 쌓이고 노하우가 생긴 뒤로는 새롭게 업로드하는 영상의 평균 조회 수가 비약적으로 높아지는 경험을 했다. 한 편의 영상을 만드는 데 들이는 시간은 줄어들고, 영상의 수준은 높아지니 채널은 이전과는 비교할 수 없을 정도로 성장했다.

더 나아가 실력은 (슈퍼노멀 프로세스 4단계인) '확률의 영역'에서 엄청난 자산이 되어준다. 실력이 갖춰지면 한 번 시도할 때의 성공 확률이 올라가거나 비용이 낮아진다. 이 정도만 되어도 평범한 사람들 중에서 앞서나가기 시작한다.

실력의 열매는 상상 이상으로 달콤하다. 실력이 뒷받침된 상황에서 운까지 따라준다면 성과는 그야말로 폭발적으로 커진다. 물론 실력이 뛰어나더라도 운이 없다면 몇 번은 실패할지도 모른다. 그러나 포기하지 않고 여러 번 시도한다면 분명 성공의 길은 열려 있다.

◎ 실력과 성공의 상관관계

1. 실력은 시간을 저축하는 가장 좋은 방법이다
2. 실력은 결과물의 최저 수준을 높인다
3. 실력은 폭발적인 성장을 만드는 열쇠다

필요한 만큼 익히는
학습의 기술

나는 추상적인 외침보다는 구체적이고 명확한 지침을 좋아한다. 내가 지금까지 직접 겪고, 보고, 들은 경험을 통해 정립한 슈퍼노멀 프로세스 또한 매우 구체적이고 실용적이라고 생각한다. 어떤 일이든 프로세스에 대입하여 따라가는 것만으로도 더 나은 결과를 도출할 가능성이 크다. 그런 의미에서 효율적으로 실력을 쌓는 방법을 알려주고자 한다. 내 시간과 에너지 또한 무한정 솟아나는 자원이 아니므로, 최소한 밑 빠진 독에 물 붓는 일은 없어야 하기 때문이다.

첫째, 운의 영역에서 쓸데없이 애쓰지 마라

소수의 고객에게 엄청난 시간과 노력을 들이는데도 성과를 내지 못하는 직원을 보면서 종종 안타까울 때가 있다. 그들은 한번 거절을 당하면 일단 상처를 크게 받고, 제안서를 수정하거나, 매력적인 메일을 쓰는 데 온통 시간을 쏟는다. 그런데 생각해보자. 제안서 잘 쓰는 법을 논문

쓰듯이 연구할 시간에 더 많은 클라이언트와 접촉하는 편이 더 효율적이지 않을까? 심지어 이전에 내 제안이 몇 차례 성사된 경험이 있고 그동안의 성과도 훌륭하다면 더는 제안서를 업그레이드할 필요가 없다. 지금은 지체 없이 확률의 세계로 달려가야 하는 타이밍이니까.

과거에 방송국에서 일할 때 나는 영업을 하는 PD였다. 그때 나는 세상에 실력의 영역만 존재한다고 믿었다. 영업 역시 실력의 영역이라고 믿으며 내가 더 영업을 잘할 수 있도록 노하우를 가르쳐주지 않는 회사를 원망했다. 그러던 중 방송 출연자 중에서 보험 영업의 고수를 만나게 되었다. 나는 그에게 어떻게 영업의 고수가 되었는지 물었다. 그런데 알고 보니 그는 '멘털의 고수'였다. 그는 이미 이전에도 계약을 몇 번 성사시킨 경험이 있다면 고객을 만나는 경우의 수를 폭발적으로 증가시켜야 한다고 말했다. 그렇게 수많은 이들을 만나는 과정에서 당면할 수밖에 없는 '거절' 의사에 대해 상처받지 않는 멘털이 중요하다고 강조했다. 초보 시절에 자신은 매일 100회도 넘게 전화 영업을 했고 거절당하더라도 계속해서 도전했다고 말했다. 거의 대부분의 동기들은 이 첫 번째 관문에서 퇴사했다는 말도 덧붙였다.

그렇다. 나는 '확률'이 영업 성과에 영향을 미친다는 사실을 간과하고 있었다. 누군가에게 내 제품은 불필요한 쓰레기지만 누군가에게는 오아시스와도 같았다. 상대방이 처한 상황에 따라 내 제품에 대한 평가가 달라지게 마련이니, 나를 필요로 하는 고객을 만나는 것은 높은 확률로 '운'에 달려 있다. 그러니 최대한 많은 이들과 접촉하여 나의 서비스를 오아시스처럼 여기는 사람인지를 확인하는 것이 중요하다. 이때는 적은 자원을 투입하여 여러 번 시도하는 확률의 전략을 활용하는 편이 더욱 효과적이다.

둘째, '최소한의 합격 수준'을 만들어라

가끔 실력의 영역에 중독되는 사람들을 만난다. 이들은 오랫동안 실력만 갈고닦은 '고수'다. 시간을 갈아 넣으면 무엇이라도 향상되므로 실력의 영역은 매우 정직하다. 그러나 확률의 영역은 다르다. 말 그대로 '확률 싸움'이므로 실력이 부족한 초보자도 승리하는 때가 있다. 오랜 시간 실력만 갈고닦은 고수는 바로 그때 큰 충격을 받으며 주저앉는다. 실력이 뛰어난 자신이 초보자에게 패배했음을 도무지 인정할 수 없기 때문이다. 그러나 실력은 실력이고, 운은 운이다. 그래서 나는 직원들에게 굳이 '오버 스펙'을 쌓지 말라고 강조한다.

어느 분야의 최고 권위자로 우뚝 서는 일은 분명히 위대한 일이지만, 안타깝게도 우리 같은 노멀에게는 너무나 어려운 일이다. 노멀이라면 경쟁자와 비교해 시장성을 확보할 수 있을 만큼의 최저 수준까지 끌어올리고 나면 여러 번 시도하는 편이 더욱 효과적이다. 당신이 이제 막 정보성 콘텐츠를 바탕으로 하는 자기계발 유튜브의 세계에 뛰어들었다고 가정해보자. '드로우앤드류' 정도의 실력과 감각을 갖춘 유튜버로 성장하려면 얼마의 시간과 노력이 필요할까? 보통의 사람이라면 당연히 엄청난 학습과 훈련이 필요하리라 예상할 수 있다. 그런데 굳이 대형 유튜버만큼의 실력을 갖추어야 유튜브에 뛰어들 자격이 생길까? 구독자 1천, 2천 명으로도 원하는 만큼의 수익을 얻으며 성장해나가는 유튜버가 많은데 말이다. 일단은 그들만큼의 실력을 쌓는 데 집중하며 영상을 여러 편 업로드하는 것이 더욱 성공할 확률이 높지 않을까?

한 유튜브 쇼츠Shorts 영상은 한국 편의점에서 라면을 사먹는 모습만을 담아낸 아주 짧은 영상으로 수백만의 조회수를 기록했다. 초보자도 쉽게 제작할 수 있는 수준의 영상으로도 폭발적인 성과를 낸 것이다. 물론 당시 구독자는 몇천 정도로 높은 편이 아니었다. 시장에서 통하는 최소 퀄리티를 찾는다는 것은, 이런 돌연변이를 발견해내는 작업을 의미한다.

재야의 고수처럼 오랜 시간 도를 닦고 있을 필요가 없다. 장인으로 거듭나겠다며 실력을 갈고닦지만 말고, 일단 '최저 수준'까지 만들었다면 일단 시도하라. 망설이는 사이에 수많은 경쟁자들은 시장에 뛰어들어 성과를 내고 있다.

셋째, 우선순위를 파악하라

언젠가 사업을 시작하겠다는 A씨와 대화하다가 마음이 답답해진 적이 있다.

A : 사업을 시작하려고요.

나: 잘 생각하셨어요. 요즘 바쁘시겠네요.

A : 직장 생활과는 전혀 다른 세계더라고요. 특히 세금이 어마어마하다는 사실을 알고 나서는 바로 절세법 강의 신청했습니다.

나: 절세법이요? 세금도 중요하긴 하지만, 사업으로 수익이 난 이후에 고민해도 되지 않을까요?

A : 그러다 나중에 크게 손해를 볼 수도 있잖아요?

나: ….

나는 불필요한 논쟁을 즐기지는 않기에 곧바로 화제를 돌렸다. 물론 합법적인 절세는 사업가에게 중요하다. 그러나 아직 수익 모델조차 명확하지 않은 상황이라면 더 중요하고 시급한 일이 산더미처럼 쌓여 있다. 무언가를 배우려면 무엇에 가중치를 두고 학습해야 하는지를 제대로 파악해야 한다. 막 사업을 준비하는 A씨의 경우, 절세도 물론 중요하지만 핵심은 고객이 만족할 만한 가치를 만들어내는 데 있지 않을까?

유튜브를 할 때도 마찬가지다. 고가의 장비부터 알아보는 분들이 있는데 적극 말리고 싶다. 나도 유튜브를 시작하고 몇 년 동안은 스마트폰으로만 촬영했다. 좋은 카메라를 갖춰놓는 것보다, 콘텐츠의 최소 합격 수준이 무엇인지 알아낸 뒤 이를 충족할 수 있는 훈련 과정을 만드는 것이 더욱 중요하다.

넷째, 롤 모델의 시간을 훔쳐라

"분해? 최소한의 수준? 잘 모르겠습니다! 어디서부터 시작해야 할지 도무지 모르겠어요!"

정말로 아무것도 모르는 '왕초보' 단계인 분들이 있다. 이렇게 프로세스를 전혀 모르는 이들에게는 분해를 해보라거나 최소 수준을 만족시킬 정도로 만들어보라는 조언도 소용없다. 걸음마도 떼지 못했는데 걸어보라는 말과 같다. 그렇다고 포기할 수는 없지 않은가?

여기 간단한 해결책이 있다. 프로세스조차 파악하기 힘든 초보 단계라면 '롤 모델'부터 찾는 것이다. 먼저 롤 모델로 삼을 만한 사람의 강의를 듣는 방법이 있다. 이것 역시 시간을 저축하는 방법 중 하나다. 내가 수십 시간 동안 '삽질'해서 알아낼 것들을 열 시간 만에 배울 수 있다면, 그만큼 시간을 아낀 셈이니까.

그런가 하면 나보다 조금 더 잘하는 가까운 사람에게 직접 배울 수도 있다. 회사에서 신입사원 시절에는 대리나 과장 직급의 사수에게 실무를 배우지 않는가? 나를 가르쳐주는 일에 충분히 시간을 할애할 수 있는 사람이라면 딱 그 정도의 실력이어도 나쁘지 않다. 내가 한 뼘 더 성장하면 또다시 다음 단계의 롤 모델을 찾아서 학습하면 되니까.

누구에게나 초보 시절은 있다. 중요한 것은 어떤 일이 있어도 '꺾이지 않는 마음'이다. 내가 만난 슈퍼노멀의 공통적인 특징 중 하나는 문제를 스스로 해결할 방법을 찾는다는 것이다. 지금부터 당신도 그렇게 해야만 한다.

"주언규니까 잘된 거지!"라고 말하는 사람들에게

재테크·자기계발 채널인 〈신사임당〉의 영상에는 심심찮게 이런 댓글이 달리곤 했다.

(주식 관련 영상에)

"백날 주식 공부해봐라! 워런 버핏 될 수 있나!"

(사업가 인터뷰에)

"그때니까 성공했지. 지금은 그건 불가능해!"

(평범한 노멀이었던 나의 영상에)

"주언규니까 잘된 거지. 평범한 사람이 그렇게까지 열심히 노력할 수 있을까?"

저명한 심리학자 앤절라 더크워스는 학습의 가치를 의도적으로 깎아내리는 사람들에게 이렇게 묻는다. 우리가 아인슈타인이 될 수 없으니 물리학을 공부할 자격이 없는 것이냐고. 우사인 볼트가 될 수 없으니 아침에 달리기를 할 필요가 없는 것이냐고. 어제보다 조금 더 나은 내가 되기 위해서 배우고 달리는 여정이 과연 그들의 말처럼 쓸데없는 일일까?

자기계발서를 읽는 사람들을 향한 냉소적인 시선도 있다. 애초부터 나와 다른 유전자를 가지고 태어난 데다가 다른 환경에서 자라난 사람의 이야기를 읽는다고 해서 무엇이 달라지겠느냐는 논리다. 그러나 어제보다 더 나은 내일을 만들기 위해 한 걸음이라도 더 묵묵히 걷는 사람과 그냥 살던 대로 사는 사람 중 누가 더 멀리 가게 될까? 둘 중 누가 더 폭발적인 성장의 가능성이 있을까?

앤절라 더크워스는 만약 그의 아이가 "나는 모차르트

같은 음악가가 될 수 없으니 피아노를 치지 않겠다."라고 말하면 이렇게 이야기해줄 것이라고 말했다.

"반드시 피아노를 쳐야 하는 건 아니야. 하지만 알아두어야 할 게 있어. 너는 모차르트가 되려고 피아노를 연습하는 게 아니란다."

나는 여전히 노력과 학습의 가치를 믿는다.

인생을
'이지easy 모드'로 살아라

우리는 왜 자꾸 쓸데없는 일에 빠져드는가

슈퍼노멀의 길은 결코 쉽지 않다. 직장인이라면 퇴근한 뒤에 또다시 성장을 위한 학습의 시간을 보내야 하니까. 그러나 막상 집에 돌아오면 맥주 한 캔 하고 싶고, 멍하니 유튜브 쇼츠를 넘기고 싶다. 이해한다. 사실 과학적으로도 너무나 당연한 일이다. 신경과학자 대니얼 레비틴은 그의 저서 『정리하는 뇌』(와이즈베리, 2015)에서 우리의 뇌는 하루에 특정 개수만큼의 판단만 내릴 수 있게 구성되어 있다고 밝혔다. 한계를 넘어서면 중요도와 관계없이 더 이상 판단을 내릴 수 없게 된다는 것이다. 이제 왜 우리가 중요한 일을 외면하고 게으름을 피우는지에 대한 해답을 얻었다. 당신은 이미 회사에서 상사에게 시달리며 머릿속으로 수많은 결정을 내렸기 때문에 집에서는 더 이상 뇌를 쓰고 싶지 않은 것이다! 이것이 인간의 본능이다.

그러나 남들처럼 대부분의 여유 시간을 그저 흘려보내면 슈퍼노멀의 길과는 완전히 멀어질 것이다. 본능대로 살고 싶지 않다면 어떻게 해야 할까?

지금 당장, 무의식부터 다시 세팅하라

본능을 이기고 싶은 당신을 위한 해결책이 있다. 그것은 바로 '인간의 무의식을 이용하는 것'이다. 인간이 하는 대부분의 행동은 무의식의 산물이다. 나의 뇌가 자꾸 유튜브 쇼츠를 넘기며 휴식하라고 몰아가는 이유도 무의식 때문이다. 그렇다면 아예 환경을 바꾸어서 생각하기 싫어하는 나의 무의식을 지배해보면 어떨까? '공부의 신' 강성태는 한 학생을 코칭하면서 집에 돌아가면 공부할 수밖에 없도록 환경을 세팅해두었다고 한다. 아무 생각 없이 몸이 자동으로 책상에 앉도록 설계한 덕분에 공부에 집중할 수 있었고, 학생의 성적 또한 크게 올랐다고 한다.

마음속에 열망이 있는가? 시간과 에너지를 쏟아서 간절히 학습하고 싶은 무언가가 있는가? 그렇다면 아예 무의식이 고민할 틈이 없도록 주변을 설계해보자. 예를 들어, 업무용·취미용 등 용도를 구분하여 노트북을 쓰는 것도 하나의 방법이다. 일하는 장소와 쉬는 장소, 취미 생활을 하는 장소 등을 구분해놓고 집에 돌아오면 무조건 일하는 장소에 들르도록 계획해놓아도 좋다. 환경이 바뀌고 장소가 바뀌면 인간은 무의식적으로 다른 행동을 하게 된다.

인생을 '하드Hard 모드'로 살아갈 필요가 없다

"1시간 30분 안에 인터뷰를 끝내주실 수 있나요? 제가 그다음 일정이 있어서요."

〈신사임당〉 시절, 나는 스케줄을 빼곡하게 다이어리에 적어놓는 슈퍼노멀들을 자주 만났다. 처음에는 '저렇게까지 분 단위로 시간을 쪼개서 살아야 하나' 싶어 의아해했던 것도 사실이다. 그러나 아이러니하게도 지금 내가 그렇게 살고 있다. 촘촘하게 계획을 설계해두고 그 계획에 내 무의식이 따라가도록 만들어둔다. 이를 통해 시간을 효율적으로 활용할 뿐만 아니라, 넷플릭스를 보고 싶은 나의 무의식을 더욱 생산적인 방향으로 이끌어가고 있다.

인간에게 '변화'란 정말 어려운 일이다. 언젠가 이삿날에 배달 앱으로 음식을 시킨 적이 있는데, 젓가락과 수저가 오지 않았다. 아직 짐을 풀지 않아서 젓가락이 필요한데도 왜 시키지 않았는지 생각해보니, '일회용 수저는 보내주지 마세요'에 체크되어 있는 앱의 기본 설정에 따랐기 때문이었다. 우리는 이 기본 설정을 지우는 정도의 변화를 만들어내기도 어려워하는 인간이다. 그런데 아무런 계획 없이, 주변 환경을 바꾸지 않고 커다란 변화를 만들어내겠다고? 그것은 다이어트를 하겠다면서 과자와 탄산음료가 널려 있는 방으로 스스로를 밀어 넣는 꼴이다. 인생을 굳이 '하드 모드'로 살 필요가 없지 않은가?

무의식을 지배하려면 반드시 환경을 바꿔야 한다. 반대로 말하면, 환경을 바꾸는 것만으로도 나의 무의식을 바꿀 수 있다.

그들도 실패를 두려워한다.
우리와 다른 점은,
시도하지 못하는 것을 훨씬 더
두려워한다는 것이다.

― 애덤 그랜트

『오리지널스』 저자

4단계
빈도를 극단적으로 높인다

동서고금을 막론하고 어떤 분야에서든 압도적으로 성과를 거둔 사람들에게는 두 가지 공통점을 찾을 수 있었다.

① 하고자 하는 그 일을 실제로 실행했다.
② 실패해도 지치지 않고 여러 번 시도했다.

당연한 말이지만 살면서 누구나 크고 작은 실패를 경험한다. 역사 속에 길이 남은 천재의 놀라운 업적 뒤에도 잘 알려지지 않은 수많은 실패가 있었다. 저명한 조직심리학 교수 애덤 그랜트의 저서 『오리지널스』(한국경제신문, 2020)에는 수많은 실패에도 굴하지 않았던 위인의 이야기가 등장한다.

모차르트: 35세 세상을 떠나기 전까지 600여 곡 작곡

베토벤: 650곡 작곡

바흐: 1,000곡 이상 작곡

에디슨: 특허 1,093개

아인슈타인: 논문 248편 작성

런던교향악단이 선정한 세계 50대 고전 음악의 목록에는 모차르트의 작품 6곡, 베토벤의 작품 5곡, 바흐의 작품 3곡이 올라 있다. 저자는 그 원동력이 바로 '보통의 작곡가에 비해 압도적으로 많은 작곡 수'라고 강조한다. 그들이라고 해서 쓰는 곡마다 족족 명곡은 아니었다는 말이다. 그런가 하면 에디슨이 평생 취득한 특허 1,093개 중 극히 일부만이 우리 삶을 바꾸었으며, 아인슈타인은 수많은 논문을 썼으나 상대성 이론에 관한 논문을 제외하면 거의 언급조차 되지 않는다는 사실에도 주목해보자. 최고의 천재라고 불리는 이들도 압도적으로 많은 시도를 통해 성공을 이루어내고 역사에 이름을 남길 수 있었다. 자수성가한 사업가들도 마찬가지다. 그들의 책을 펼치면 '1부'에는 항상 여러 번의 실패에도 굴하지 않고 끝까지 도전하여 성공을 쟁취한 드라마 같은 이야기가 클리셰처럼 등장한다.

역사 속에 길이 남은 천재도 이러한데, 하물며 우리 같은 평범한 노멀은 말할 것도 없다. 성공하려면 일단 시도해야 한다. 사업을 하고 싶다면서 퇴근 후 남은 시간에 사업에 대한 준비를 전혀 하지 않는다면 당연하게도 당신은 사업 성공과는 거리가 멀어지는 셈이다. 오히려 사업에 대한 꿈이 당신의 현실을 악화시킬 것이다. 퇴근 후에는 언제 그런 야망이 있었냐는 듯이 소파에 누워 스마트폰을 하면서 '현생'에 만족하다가, 출근해서는 사업에 대한 꿈 때문에 온전하게 직장 생활에 집중하지 못할 것이기 때문이다.

요즘 많은 이들이 시도한다는 '유튜브'도 마찬가지다. 유튜버가 되고 싶다면서 유튜브 시장 조사조차 하지 않는다면 어떻게 시작할 수 있을까? 혹시나 이미 성공한 유튜브 채널을 보며 "유튜브를 연구하고 있다."라는 말은 하지 않았으면 한다. 그들의 성공을 중간 지점부터 확인하는 것이나 다름없기 때문에 그다지 도움이 되지 않는다. 현재 자신의 상황과 비슷하게 '소박한 구독자 수'를 보유한 이들이 지금 이 순간 어떤 방식으로 성공하고 있는지를 연구해야 한다. 하여간 내가 하고 싶은 말의 요점은 이것이다. 도대체 언제 시작할 것인가?

빨리 성과를 내고 싶은 마음은 가득한데, 습관적으로 스마트폰 속 넷플릭스, 유튜브, 인스타그램에 시간을 빼앗기고 있다면 결국 원하는 목표를 달성할 수 없을 것이다. 목표를 달성하는 데 있어 반드시 충족되어야 하는 시도의 절대량이 존재하기 때문이다.

원하는 바를 이루려면 반드시 여러 번 시도하여, 성공의 트리거가 되는 유효한 사건과의 접촉 가능성을 늘려야 한다. 이것이 바로 '고빈도 전략'이다.

생각의 속도를 늦추고
당장 뛰쳐나가라

우리는 왜 시도하는 것을 어려워할까? '가만히 있으면 중간이라도 간다.'는 말이 있다. 도전했다가 망할 바에야 시도조차 하지 않는 편이 더욱 낫다는 뜻이다. '송충이는 솔잎을 먹어야 한다.'는 말과 함께 마음을 좀 답답하게 만드는 말이다. 물론 나는 이런 말에 동의하지 않지만, 시도하기를 망설이는 심정을 충분히 이해한다.

무언가 새로운 일을 앞두고 있을 때는 오만 가지 생각이 들게 마련이다. 생각은 꼬리에 꼬리를 물고 어느덧 생각의 나무가 무럭무럭 자라기 시작한다. 충분히 프로젝트에서 성공을 거둘 만큼의 역량을 갖추고 있는 사람일수록 생각의 가지가 더 빨리 자라난다. 그렇게 한참 동안 생각나무를 키우다가 현실을 돌아보면 가야 할 길이 너무나 막막해 보인다. 생각 속도가 행동 속도보다 빠른 게 문제다. 머릿속에서는 이미 2배속으로 성공적인 '엔딩'까지 확인했는데, 실행부터 현실화까지는 0.1배속으로 이루어지니 답답하기 이를 데 없다.

여기 에어비앤비 호스트를 처음으로 시작하려는 한 사람이 있다. 그의 머릿속에는 수많은 아이디어가 떠오르기 시작한다. 정도의 차이는 있지만 대체로 '실행하면 좋은 아이디어'들이다. 그런데 이 아이디어들 때문에 역설적으로 아무것도 시도하지 못한다. 아이디어를 발전시켜 나가다 보면 어느새 머릿속으로는 '하얏트 그룹'을 구상하고 있기 때문이다. 내 아이디어의 속도를 현실 세계가 따라올 수 없다. 거창한 아이디어에 비하면 나의 현실은 너무 초라하게 느껴진다.

만약 돈이라는 자원이 풍부하다면 이 문제를 간단히 해결할 수 있을 것이다. 나의 생각을 구체화해줄 사람들을 고용하여 동시에 여러 프로젝트를 진행하면 된다. 즉, 나의 아이디어 발전 속도보다 실제로 실행하고 현실화하는 속도가 더 빠른 조직을 구성하면 된다는 말이다. 그러나 그 정도의 인적·물적 자원이 없는 우리 같은 노멀에게는 다른 선택지가 없다. 생각의 속도를 늦추고, 지금 한 번이라도 더 많이 시도하는 수밖에 없다. 그것도 많이 시도해보는 것이 중요하다. 이를 위해서는 생각하는 시간과 행동하는 시간의 비율을 조정해야 한다. 나는 가진 에너지의 10%만 생각하는 데 쓰고 나머지 90%는 행동하는 데 쏟아붓기를 권한다. 또한 실행에 옮길 때도 최대한 힘을 빼고 '체리피킹Cherry Picking'했으면 좋겠다. 체리 피킹이란 케이크 꼭대기에 있는 체리만 빼먹는 얌체 같은 행동을 이르는, 부정적 의미를 담은 어휘다. 그러나 나는 지금 단계에서는 체리피킹을 긍정적인 덕목으로 삼아도 좋다고 생각한다. 뭐든 다 의욕적으로 열심히 하려고 들지 말고 가장 중요한 핵심 요소만 챙겨서 일단 시도해보라는 뜻이다. 한 번이라도 더 시도할 수 있다면 그편이 낫다.

생각의 양을 제한함으로써 행동의 속도를 올려야 한다. 이를 통해 우리는 시도하는 횟수를 늘릴 수 있다. 물론 많은 시도는 필연적으로 많은 실패를 불러올 것이다. 그러나 실패 횟수의 증가는 성공 확률 증가의 다른 얼굴이라는 사실을 깨달았으면 좋겠다. 성공하려면 시도를 두려워하지 말아야 한다.

'사업'을 하려면 절대
한 번에 '올인'하지 마라

언젠가 식사 자리에서 한 직원이 이렇게 질문한 적이 있다.

"PD님, 저도 사업으로 슈퍼노멀이 되고 싶어요. 그런데 괜히 시도 했다가 다시 일어설 수 없을 정도로 망하면 어떡하죠? 그 정도로 멘털이 강한 사람이 많을까요?"

마땅한 대답을 찾기 힘들어 고개를 끄덕이고 말았다. 그의 말이 맞다. 아무리 시도가 좋고 도전이 중요해도 다시 일어설 수 없을 정도로 망해서는 절대 안 된다. 1%의 확률로 수백억대의 자산가가 되거나 99%의 확률로 빚에 허덕일지도 모르는 사업은 그야말로 도박과 같다. 하려는 사업이 '큰 부자가 되거나' 혹은 '빚더미에 앉거나' 둘 중 하나로 결론이 나는 것이라면 나는 절대로 그 사업을 권하지 않겠다. 나는 직원에게 망하지 않는 비법을 알려주겠다며 안심시켰다.

'괜히 사업을 했다가 망하면 어떡하느냐'는 직원의 불

안한 마음을 이해한다. 수많은 직장인이 월급 300만 원의 삶에 불만족하면서도 직장을 뛰쳐나오지 않는 이유도 여기에 있다. 회사가 문을 닫으면 직장인은 이직을 하면 되지만, 회사 대표는 회사와 운명을 함께하며 장렬하게 침몰한다. 임대료, 급여 등 고정비가 다달이 빠져나가는데 수입이 줄어들 때, 눈앞이 깜깜한 그 기분은 겪어본 이들만 안다. 이렇듯 분명 사업은 리스크가 있는 행위다. 그렇다면 리스크를 줄일 방법은 없을까?

물론 있다.

한 번에 올인하지 않으면 된다.

나는 사업을 시작하겠다는 사람들에게 늘 "올인할 거면 사업하지 말라."고 조언한다. 수많은 사업가가 책과 강연을 통해 사업에 인생을 걸라고 이야기해왔던 것은 맞다. 죽기 살기로 열심히 해도 될까 말까 한 것이 사업이니까. 그런데 올인하지 말라니 도대체 무슨 말이냐고?

여기 처음으로 사업을 시도하는 A가 있다. A는 직장 생활을 하며 4천만 원의 사업 자금을 부지런히 모았다. 사업을 시작하려는 사람이면 으레 그렇듯이 돈 벌 수 있을 것 같은 좋은 아이템을 갖고 시작했다. 의욕과 열정도 불타오르고 있었다. 돈도 모았고, 의욕도 있고, 사업 아이템도 있다. 그렇다면 성공은 따놓은 당상일까?

잘 모르겠다. 아무리 생각해도 잘 모르겠다는 말밖에는 하지 못하겠다. 세상만사 운이 끼어들지 않는 분야가 없으므로 A는 대박을 낼 수도 있지만 쪽박을 찰 수도 있다. 하물며 운도 나쁘고 실력도 경쟁 업체에 비해 모자라면 쪽박을 찰 확률이 기하급수적으로 높아질 것이다. 멀리서 찾을 것도 없다. 그 A가 바로 렌털 스튜디오 1호점을 열었던 주언규다. 나는 4천만 원의 빚을 지고 나서 지옥이 무엇인지 맛보았다. 세상이 무너지는 것 같았던 그때의 압박감은 지금도 다시 떠올리고 싶지 않을 정도다.

수백억, 수천억대 부자에게 4천만 원은 그리 큰돈이 아니다. 부자는 투자금 1억 원도 들지 않는 렌털 스튜디오 따위 열 번이라도 부담 없이 시도할 수 있을 테니까. 나는 돈을 잃어도 두려울 게 없는 부자들을 매트리스 위에서 텀블링하는 아이들에 빗대곤 한다. 매트리스 위에서는 무엇을 해도 크게 다치지 않는다는 것을 알고 있으니 아이들은 텀블링 시도를 주저하지 않는다. 부자들도 마찬가지다. 그들은 '억' 단위의 사업도 두려워하지 않고 시도할 수 있다. 그 돈이 없어도 살 수 있으니까. 그러나 맨땅 위에서의 텀블링은 얼마나 두려운가. 우리에게는 '부富의 매트리스'가 없다.

이것이 바로 지금 당신이 직장을 그만두지 못하고 새로운 시도를 두려워하는 이유, 단돈 천만 원의 투자를 수십 번 망설이는 이유다. 나도 그런 시절이 있었다. 10년 전의 나에게 4천만 원은 내 목숨과도 같았다. 5년 동안 브랜드 커피 대신 커피 믹스만 마시고, 단벌 신사로 살아가며 '짠내' 나게 모은 돈이니까. 그래서 한 번에 나의 자원을 모두 올인해버려서는 안 되는 것이다. 한 번에 올인했다가 망하면 모든 것이 끝이니까. 다시 한번 강조하지만 절대 한 번에 나의 모든 자원을 걸어서는 안 된다.

그렇다면 리스크를 줄이려면 어떻게 해야 할까? 한 번 시도하는 데 드는 비용을 줄여서 여러 번 시도해야 한다. 그럼 실패했을 때 내가 받는 충격이 크게 줄어든다. 내가 가진 돈이 4천만 원이라면 400만 원으로 10번 시도하는 편이 더 낫다는 말이다. 더 나아가 40만 원으로 100번 시도하거나 4만 원으로 1,000번, 4천 원으로 1만 번 시도하는 것이 더욱 좋다. 한 번 시도하는 데 드는 비용을 최소화하면 실패하더라도 부담 없이 다시 도전할 수 있다. 그렇지 않은가? 게다가 여러 번 시도하면 여러 번 성공할 확률도 높아진다. 그렇게 쌓인 작은 성공이 슈퍼노멀이라는 실현 가능한 목표를 달성하게 해주는 밑거름이 되어줄 것이다.

평범한 사람이 성공하는 가장 확실한 전략은 '치명타를 입지 않는 것'이다.

> ◎ 슈퍼노멀 4단계 법칙의 참고 사항
>
> 확률 영역의 업무를 하고 있다면
> 낮은 비용으로 최대의 빈도를 뽑아내기 위한
> 고빈도 전략을 세워야 한다

"잘 알겠습니다. 그런데 4만 원, 4천 원으로 무슨 사업을 합니까?"

내 직원은 나의 말을 듣더니 또다시 이렇게 물었다. 작은 시도를 여러 번 하라니, 최대한 작은 사업을 하라는 말일까? 물론 사업을 처음 시작할 때 되도록 돈이 적게 드는 사업을 하는 것에 적극 찬성한다. 적게 쓰면 실패해도 적게 잃을 것이고, 그럼 다시 일어설 용기를 얻을 수 있기 때문이다.

하지만 그렇다고 해서 돈이 적게 드는 사업 아이템을 찾는 데 골몰하라는 말은 절대 아니다. 나의 전략은 '4천 원짜리 사업'을 찾는 데 있지 않다. 슈퍼노멀 프로세스는 내 소중한 자원을 어디에, 어떤 방식으로 투입할지에 대한 전략이다. 앞서 나는 슈퍼노멀 프로세스 2단계에서 어떠한 일을 실행하고 끝마치기까지의 전체 과정을 하나하나 정리하고, 이를 '운의 영역'과 '실력의 영역'으로 분해해야 한다고 강조한 바 있다. 이때 실력의 영역보다는 운의 영역에 해당하는 과정에 여러 번 시도하는 전략을 적용함으로써 성공 확률을 높일 수 있다고 했다.

그랜트 카돈의 『10배의 법칙』(부키, 2022)에서 저자는 수천억 자산가가 된 비결 중 하나로 '다른 사람보다 10배 더 많은 행동력을 발휘한 것'을 꼽았다. 목표를 줄이지 말고 목표를 이루기 위해 담대하게 행동하고 더 많이 시도하라는 주장이다. 그는 경쟁자보다 10배 더 행동하면 성공을 쟁취할 수 있다고 강조한다. 여기에 감히 내 의견 하나를 더하고 싶다. 실력의 영역보다는 확률이 더 영향을 미치는 과정에서 10배 더 적극적으로 행동했을 때 그 효과가 극대화된다는 것이다. 실력의 영향을 많이 받는 과정에서 고빈도로 시도하는 것은 어리석은 선택이다. 예를 들어, 100킬로그램짜리 바벨을 들 능력이 없는 나 같은 사람이 바벨 들기를 하루 동안 수차례 시도한다고 해보자. 그날 내가 100킬로그램짜리 바벨을 들 가능성은 전혀 없다. 이처럼 실력이 결과에 크게 영향을 미치는 영역에서는 여러 번의 자원을 투입하는 시도보다 실력을 끌어올리는 '학습'이 더욱 중요하다.

반면 확률이 더욱 크게 영향을 미치는 영역이라면 실력을 끌어올리는 행위는 별 의미가 없다. 확률에 달린 일에 실력을 높이려고 훈련하면 할수록 인생은 늪에 빠질 수 있다. 그렇다면 어떻게 해야 할까? 로또에 당첨될 확률을 아주 조금이나마 높이는 유일한 방법이 딱 하나 있다. 로또를 최대한 더 많이 사는 것이다. 한마디로 확률의 영역에서는 최대한 많이 시도할수록 성공할 확률이 높아진다.

내 앞에 더 많은
사람을 모으는 법

이번에는 유튜브를 예로 들어 슈퍼노멀 프로세스 4단계를 적용해보겠다.

나는 그간의 분석을 통해 '주제'나 '채널 성장'과 같은 부분의 성공은 '확률적'으로 발생한다는 사실을 깨닫게 되었다. 백발백중 성공하는 주제를 찾아내거나 무조건 구독을 누르게 하는 영상을 제작하기란 불가능하다.* 아무리 화제성이 높은 주제를 선정하여 원고를 재미있게 쓰고, 촬영 실력을 끌어올리고, 편집을 잘해도 (확률을 높일 수는 있을지라도) 유튜브 홈 화면에 100% 띄울 수 있다고 장담할 수는 없다.

이때 초보 유튜버가 시도할 수 있는 방법은 하나다. 바

---

* 다만 영상을 보는 수만 명의 사람 중에서 몇 %의 사람이 구독을 누를지 예측해 볼 수는 있다.

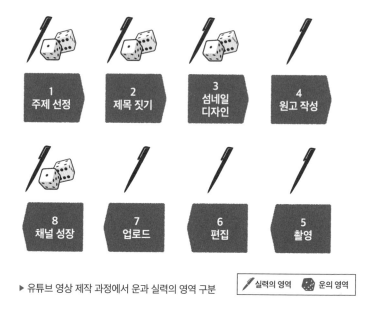

▶ 유튜브 영상 제작 과정에서 운과 실력의 영역 구분

✏ 실력의 영역   🎲 운의 영역

로 하나의 주제에 대해 다양한 소재로 더 많은 유튜브 영상을 찍어서 올리는 것이다. 오랜 시간 실력을 갈고닦으며 1년에 영상을 한 편 올리는 초보 유튜버보다 조금 어설프더라도 1년에 50편의 영상을 찍어서 올리는 초보 유튜버가 훨씬 낫다. 지금껏 '유튜브 강사'로서 수많은 수강생을 지켜본 경험을 토대로 장담하건대 후자가 성공할 확률이 더욱 높다. 앞서 지금 하는 업무가 확률의 영역에 있다

면 성공의 트리거가 되어줄 유효한 사건과 접촉할 수 있
는 빈도를 높여야 한다고 강조한 바 있다. 영상 업로드는
'조회 수의 기하급수적 증가'라는 유효한 사건을 만들기
위한 방식이다.

게다가 1년에 50편이나 영상을 찍어 올리는 유튜버는
수많은 경험을 쌓을 테니 일석이조다. 물론 우리는 앞선
단계에서 이미 시장에서 통하는 최소한의 자격을 갖추었
다. 최소한의 퀄리티도 갖추지 못한 영상이라면 수백 개
를 올려도 좋은 반응을 얻기 힘들다.

고빈도 전략의 핵심을 이해했는가? 그렇다면 다음 중 성
공할 확률이 높은 영업자는 누구일지 맞혀보자.

예시 1 : 인스타그램으로 상품을 홍보하는 영업자 창민 씨

창민 씨는 얼마 전부터 인스타그램 계정을 만들고 하루
에 하나씩 피드를 올리고 있다. 인기 있는 인스타그램의
비결을 파악하고, 자신의 일상과 고객을 향한 정직한 신
념을 올리며 자연스럽게 많은 팔로워와 신뢰 관계를 쌓아
가고 있다. 이들을 모아서 '오픈카톡방'을 만들 예정이다.

예시 2 : 어렵게 연락이 닿은 2~3명에게 상품을 홍보하는 영업자 민수 씨

민수 씨는 열정이 넘친다. 주변 지인을 통해 자신의 상품을 필요로 하는 이들의 연락처를 얻으면, 바로 예비 고객이 있는 곳까지 달려간다. 일단 만나면 계약의 기회를 잡기 위해 돈과 시간을 써가며 온 힘을 다한다. 그는 언젠가 있을지도 모르는 '고객과의 계약'이라는 유효한 사건을 만들기 위해 한 명 한 명에게 접촉하여 영업한다.

좋은 상품을 만드는 것은 분명 실력의 영역이다. 하지만 이것을 필요로 하는 고객을 만나는 것은 다른 문제다. 창민 씨는 이 점을 잘 알고 있었고 인스타그램, 오픈카톡방 등을 통해 잠재 고객을 더 많이 확보하고자 노력했다. 그는 구매 여부도 불확실한 2~3명에게 '시간'이라는 소중한 자원을 집중 투여하는 민수 씨보다 훨씬 효율적인 방법을 활용하고 있었다. 게다가 인스타그램, 오픈카톡방을 운영하는 데에는 돈이라는 자원이 거의 들지 않는다. 시간이라는 자원은 많지만 돈은 없는 젊은이가 시도하기에 매우 좋은 방법이라는 뜻이다. 창민 씨는 이런 방식으로 점점 더 영향력을 넓히며 자신의 상품을 필요로 하는 잠재 고객을 더욱 많이 확보할 수 있을 것이다. 그럼 영업자로서 민수 씨의 미래는 어떨까? 당신의 상상에 맡기겠다.

되돌아보면 나는 예전에 렌털 스튜디오를 처음 열었을 때 민수 씨처럼 영업을 했다. PD로 일하는 지인들에게 "혹시 렌털 스튜디오 필요하면 연락 주세요." 하고 깍듯하게 인사하며 매우 적극적인 자세로 명함을 돌렸다. 틈만 나면 최대한 많은 지인을 만나서 스튜디오를 홍보했다. 그 노력은 눈물겨웠으나, 말했다시피 효과는 그리 크지 않았다. 그때 내가 한 영업 방식은 적극적인 방식이 아니라 사실 굉장히 소극적인 방식이었다. 시간이 지나고 나서야 영업이란 '내 제품이 필요한 사람을 최대한 많이 발견하는 것'이 관건임을 깨닫게 되었다. 소수의 지인을 상대로 하는 안일한 영업 방식으로는 오늘날 충분한 잠재 고객을 확보할 수 없다. 고객이 나를 찾아줄 때까지 그저 목을 빼고 기다리기만 한다면 어떻게 사업이 잘되겠는가?

'내 제품을 필요로 하는, 목이 마른 사람 만 명, 아니 10만 명 이 모이는 곳은 어디일까?'

나는 이것을 더욱 고민했어야 했다. 이제 왜 빈도수를 높이는 고빈도 전략이 중요한지 이해했을 것이다. 나는 고빈도 전략이 운을 벌어들이는 유일한 방법이라고 확신한다.

세상은 점점 고빈도 전략에 최적화되고 있다

슈퍼노멀 프로세스 4단계, 고빈도 전략의 핵심은 '여러 번 시도'하는 것이다. 이때 한 번에 드는 비용을 최대한 줄이는 편이 유리하다. 전체 가용 자원이 정해져 있는 상황에서 적은 비용으로 더 많이 시도할 수 있기 때문이다.

어쩌면 학창 시절에 수학능력시험을 준비할 때보다 훨씬 더 좋은 상황이다. 그때는 시험 한 번으로 모든 것을 평가받았다. 한번 망하면 '재수'나 '편입'이 아닌 이상 원하는 대학에 갈 수 있는 방법이 없었다. 단 하루의 시험 결과에는 실력뿐만 아니라 운 또한 작용하니, 자칫하면 억울한 상황에 놓일 수도 있다. 그러나 사업은 이와 달리 살아 있는 한 여러 번 시도할 수 있다. 앞서 설명한 대로 한 번 사업을 하는 데 드는 비용을 크게 줄이면 부담은 더욱 줄어든다. 거창하게 '사업'이라고 이름 붙이지 않아도 좋다. 고객을 확보해줄 블로그 글쓰기, 유튜브 영상 제작, 인스타그램 피드 업로드 등은 시간만 들이면 그야말로 '0원'의 비용으로 내가 원하는 만큼 시도할 수 있다.

◎ 슈퍼노멀 4단계 법칙의 참고 사항

1. 운의 영역에 적용하라
2. 빈도를 높여도 비용이 늘어나지 않는다면 금상첨화다

나는 미용실 오픈을 앞둔 절친한 친구에게 이 전략에 대해 설명한 적이 있다. 그는 자신의 업을 진정으로 사랑하는 사람이었다. 손에 달고 다니는 습진도 훈장 같은 것이라고 웃어넘기는 그였다. 독립해서 자신만의 매장을 열고 싶다는 그의 꿈을 나도 응원했다. 그러나 막상 자기 사업을 시작하려니 막막한 기분이 든다며 움츠러들었다.

"난 유명 프랜차이즈 미용실에서 오래 근무했잖아. 내

실력보다는 브랜드를 믿고 온 고객이 대부분인데, 이제 브랜드를 떼고 혼자 살아남아야 한다고 생각하니 진짜 막막하다."

그의 고민이 무엇인지 단번에 알아차렸다. 하지만 내가 보기에 그는 충분히 잘해왔다. 뛰어난 미용 실력을 갖추고 있고, 매장 위치도 잘 선정했으며, 인테리어 계약까지 잘 마쳤다. 이제 매장을 '알리는 일'만 남았다. 여기에는 고빈도 전략이 끼어들 여지가 충분했다. 나는 친구에게 어떻게 매장 오픈 홍보를 하고 있냐고 물었다.

"전단지 돌리고 있지. 주변 아파트 단지에 수백 장씩 뿌리고 있어."

나는 그에게 돈과 시간을 적게 들이면서 더 많은 사람에게 홍보할 수 있는 방법을 찾아보라고 조언했다.

"인스타그램 계정을 만드는 게 어때? 수백 명이 아니라 수만 명에게 미용실을 알릴 수 있는 기회야."

친구는 그렇지 않아도 인스타그램을 할 생각이었다며 내 의견에 수긍했다. 처음에 팔로워 수 늘리기가 만만치 않다며 앓는 소리만 하던 친구는 유튜브와 책을 몇 권 보며 공부하더니 금세 팔로워를 수천 명으로 늘리는 데 성공했다. 인스타그램 마케팅 역시 고빈도 전략이다. 한 번 피드를 올리는 데 드는 비용이 전혀 들지 않으며 시간이 오래 걸리지도 않으니 끝없이 시도할 수 있다. 이런 방식으로 고객에게 노출되는 빈도를 폭발적으로 높일 수 있다.

한편 상품이나 서비스의 질이 비슷하다면 고빈도 전략을 얼마나 잘 활용하느냐에 성패가 달려 있다고 해도 과언이 아니다. 최근에 텔레마케팅 업체에서 근무하는 사람과 대화할 기회가 있었다. 그는 치아 임플란트 고객을 유치하는 전화 영업을 하고 있다며 나에게 텔레마케팅 업체의 수익 구조를 알려주었다. 해당 업체는 고객 1건의 연락처를 5만 원에 사들이고, 다시 여기에 3만 원의 마진을 붙여서 치과에 텔레마케팅 서비스를 제공하고 있었다. 이뿐만 아니라 치과는 고객 1건을 유치할 때마다 30~40만 원의 성공 보수를 지불한다고 했다. 치과 입장에서는 임플란트 고객을 위한 마케팅에 큰 비용을 지불하는 셈이다. 나중에서야 나는 변호사의 자문을 통해 이러한 영업 방식이 불법임을 알게 되었다. 사실은 병원도 리스크를 너무 많이 지는 형태의 영업 방식이었던 것이다.

이럴 바에야 더 많은 고객과의 접점을 늘리기 위해 치과 의사가 직접 유튜브를 열고 출연하면 어떨까? 유튜브에 출연해 임플란트뿐만 아니라 치아 건강과 관련한 정보를 알리는 것이다. 의사, 약사, 회계사와 같은 전문직 종사자는 영상 출연만으로도 조회 수를 높이기 수월하다. 희소가치가 있는 전문 지식을 전해줄 수 있기 때문이다. 영상의 조회 수가 높아질수록 잠재 고객과의 접점이 폭발적으로 늘어날 것이다. 잠재 고객의 연락처 1건을 불법으로 8만 원에 확보하는 이전 방식과 달리 합법적이며 심지어 훨씬 효과적이다. 이는 치과 의사와 환자 모두에게 이득이다. 광고비가 줄어드니 의사의 수익은 늘어난다. 또한 환자는 더욱 저렴한 가격에 의료 서비스를 제공받을 수 있을 것이다.

고빈도 전략이 기업을 먹여 살린다

나는 〈신사임당〉 유튜브를 운영하던 당시, 고빈도 전략을 활용해 성공을 거둔 슈퍼노멀을 인터뷰한 적이 있다. 현재 연 매출 600억 원의 국내 코스메틱 회사를 이끌고 있는 (주)코스토리의 김한균 대표다. 그런데 탄탄한 기업을 이끄는 그도 사업 초창기인 2000년대 초반에는 월 매출이 3천만 원 안팎에서 정체하여 슬럼프를 겪었다고 한다. 고전하던 그때 월 매출이 수억 원대로 훌쩍 뛰는 마법 같은 일이 일어났다. 자사 제품이 싸이월드* 메인 화면에 노출된 직후의 일이었다. 수많은 '일촌'을 거느리고 있는, 지금으로 치면 인플루언서 격의 누군가가 코스토리의 제품 후기를 올렸고 이것이 메인에 소개되었던 것이다.

당시는 SNS가 지금처럼 성행하지 않았던 시기라 코스토리가 본격적인 SNS 마케팅을 펼쳤던 것은 아니다. 다만 이전부터 많은 인플루언서에게 다양한 자사 제품을 보내는 작업을 꾸준히 이어갔다고 한다. 화장품을 만들 때 생기는 약간의 여분을 여러 인플루언서에게 선물하는 방식이라 배송비 외에는 거의 돈이 들지 않았다. 그렇게 수백 명의 인플루언서와 제품의 접점을 만들었더니 일부 인플

* 2000년대에 시작된 우리나라 대표 소셜 네트워크 프로그램. 스마트폰이 생겨나며 변화의 흐름에서 멀어져간 대표적인 사이트로 꼽힌다.

루언서가 반응했고, 곧 싸이월드 메인에 제품 후기가 노출되며 수만 명의 사람에게 코스토리의 제품이 알려지게 되었다고 한다. 이후 그는 다음, 네이버와 같은 주요 포털 사이트에도 제품 후기가 동시다발적으로 노출될 수 있는 마케팅 방법을 연구했다.

이런 식의 인플루언서 홍보 전략은 대표적인 고빈도 전략 중 하나다. 요즘은 거의 대부분 업체가 이런 마케팅 전략을 활용하고 있는데, 업계 용어로는 '시딩Seeding'이라고 부른다. 씨앗을 심는다는 의미다. 시딩 역시 '입소문 폭발'이라는 유효한 사건을 만들기 위하여 대상과의 접촉을 극대화하는 전략이다. 인플루언서들을 활용하는 비용이 크게 들지 않으므로 여러 번 시도할 수 있는 데다가 한번 성공하면 효과가 매우 크기 때문이다.

㈜코스토리는 성장을 거듭해 그 후에는 연 매출 2천억 원을 달성했고, 이어서 미국의 한 투자사로부터 2조 원에 매각 제의를 받기도 했다. 고빈도 전략이 만들어낸 폭발적인 효과다.

실패를 줄여주는
고빈도 전략의 마법

한편 고빈도 전략은 성공 확률을 높일 뿐만 아니라 실패 확률을 줄이는 데에도 큰 도움이 된다. 앞서 언급한 미용실을 개업하는 친구의 사례와 같이 실제 사업을 시작하기 전에 고빈도 전략을 적용하면 더욱 많은 잠재 고객을 확보할 수 있다.

만약 티셔츠 마니아인 누군가가 티셔츠 사업을 시작한다고 가정해보자. 나라면 제품 콘셉트를 구상하고 제작을 알아보기 전에 SNS 계정부터 개설하라고 조언할 것이다. 그런 다음 티셔츠와 관련한 다양한 리뷰 콘텐츠를 업로드하고 관련한 정보들을 사람들에게 수집하고 재가공하여 제공할 것이다. 그렇게 크리에이터의 취향에 동의하는 팔로워가 늘어간다. 그들과 크리에이터의 주파수가 탄탄하게 맞춰졌다면, 이제 팔로워들이 원하는 느낌의 티셔츠를 만들어 판매하면 된다. 이때도 어느 날 갑자기 떡하니 "자, 이제 팝니다!"라고 외쳐서는 안 된다. 기획부터 출시까지의 과정에서 발생하는 다양한 에피소드를 유튜브 영상이

나 쇼츠, 인스타그램 피드나 릴스 콘텐츠로 업로드하고, 동시에 티셔츠에 관심 있는 사람들에게 회자될 만한 이벤트도 준비하는 것이 좋다.

여기까지 완료했다면 이제 곧 출시될 티셔츠 디자인을 유튜브나 인스타그램 피드에 올릴 차례다. 그럼 패션에 관심이 많은 구독자들이 어떤 식으로든 반응을 보이게 된다. 이때 팔로워들의 반응이 좋은 옷부터 출시한다면 최소한 아무 정보도 없이 제품을 출시할 때보다 실패 확률이 훨씬 줄어들 것이다. 게다가 이미 많은 팔로워를 확보하고 있으므로 잠재 고객을 대상으로 한 이벤트 등의 마케팅 전략을 펼치기도 훨씬 수월하다. 그사이에 자연스레 나의 사업을 눈여겨보는 '팬'이 생겼을지도 모를 일이다.

특정 티셔츠가 히트 상품이 될 때까지 여러 디자인의 티셔츠를 만드는 일은 비용 부담이 상당하다. 즉, 생산 단계에서 고빈도 전략을 도입하기 어렵다는 뜻이다. 따라서 위와 같은 방식으로 다르게 접근해야 한다. 유튜브나 인스타그램 등에 콘텐츠를 올려 다양한 디자인을 여러 번 노출하며 '히트 상품'이 될 디자인을 알아내는 일은 내가 지쳐서 그만두기 전까지 얼마든지 시도할 수 있기 때문이다.

실제로 콘텐츠 업계에서 제품 출시 전에 고빈도 전략을 활용하기도 한다. 네이버웹툰의 아마추어 플랫폼 '도전 만화'를 예로 들 수 있다. 네이버웹툰은 어떻게 성공할 만한 콘텐츠를 발굴할까? 전통적인 콘텐츠 업계인 출판사는 투고받은 원고를 편집자가 검토하고, 이를 바탕으로 작가와의 계약 여부를 결정한다. 많은 투고 원고 중 편집자의 선택을 받은 소수의 책만이 출간된다. 네이버는 이러한 방식 대신에 '네이버웹툰 도전 만화'라는 공간을 만들어서 누구나 자기가 그린 웹툰을 업로드할 수 있도록 문을 열어두었다. 수십, 수백 편의 웹툰 원고가 매달 도전 만화에 업로드된다. 그중 독자로부터 폭발적인 반응을 얻은 웹툰 작가와 계약하여 정식 웹툰을 출간하는 식이다.

고빈도 전략의 핵심은 '사업상 유효한 사건과 마주칠 확률이 있는 접촉 빈도를 올리는 데'에 있다. 네이버웹툰은 수많은 신인 작가들의 작품을 확보하고 독자의 반응을 확인하는 투고·원고 검토 단계에서 '고빈도 전략'을 활용했다. 이를 통해 독자의 반응을 실시간으로 확인하며 더욱 성공할 만한 콘텐츠를 찾아내고 있다. 소수의 웹툰 PD가 계약 여부를 전적으로 결정하여 출시하는 방식보다 리스크를 낮추고 성공 확률을 더욱 높였다고 할 수 있다.

왜 우리 같은 노멀에게 고빈도 전략이 중요할까? 항상 물적·인적 자원이 부족하다는 한계가 있기 때문이다. 비용을 최대한 낮추어 여러 번 시도하면 성공의 트리거가 되어줄 유효한 사건과의 접촉 빈도가 크게 높아진다. 어느 시점부터는 잠재 고객과의 접점이 폭발적으로 늘어나며 성공을 맛보게 될 것이다.

한 번에 올인하지 말고, 10배, 100배, 아니 1만 배 더 시도하라. 나는 이것이 노멀에게 유효한 전략이라고 믿는다.

SUPER NORMAL

부富의 매트리스를
깔아라

대부분의 사람들이 돈 버는 데 실패하는 이유

대부분의 사람들이 부자가 되기 어려운 이유는 무엇일까? 대표적인 이유를 딱 하나만 꼽는다면 바로 '시도하지 않기 때문'이다. 사람들은 시작도, 시도도 하지 않으려 한다. 잃는 것이 두렵기 때문이다. 행동경제학의 '손실 회피 경향'은 너무나도 유명하다. 노벨경제학상 수상자인 대니얼 카너먼과 동료 아모스 트버스키의 실험에 따르면, 사람들은 같은 액수를 얻었을 때 느끼는 만족감보다 잃었을 때 느끼는 상실감이 두 배 이상 크다고 한다. 100만 원을 벌었을 때의 만족감이 100이라면, 100만 원을 잃었을 때의 상실감은 200이라는 뜻이다. 이것이 대부분의 사람들이 무엇이든 쉽게 시도하지 못하고, 부자가 되지 못하는 이유다.

그러나 시도하지 않으면 아무것도 달라지지 않는다. 지금처럼 살면 지금 같은 삶이 펼쳐질 뿐이다.

당신의 소중한 아이디어를 가능성으로만 남기지 마라

혹시 '가능성이 많은 사람'이라는 평가를 들은 적이 있는가? 나는 사회 초년생일 때 이런 말을 들은 적이 있다. 처음에는 이 말이 칭찬인 줄 알았는데, 시간이 지날수록 그것이 아니라는 생각이 들었다. '멋진 PD가 될 수 있는 가능성', '가난의 굴레를 벗어날 가능성', '100억대 자산을 소유할 가능성' 등이 끝내 가능성으로만 남았다면 어떨까? 시도하지 못한 가능성이 많으면 많을수록 더 큰 후회에 짓눌리며 살았을 것이다.

미래에 후회하지 않는 단 하나의 방법은 가능성의 리스트에 적힌 모든 것을 지금 당장 시도하는 것이다. 그럼 실패하더라도 적어도 후회는 없다. 내 경험에 비추어보건대 내가 한 행동에 대한 후회는 생각보다 적게 남았다. 시도해봤고 결과를 알고 있으니 성패를 떠나 후련하다. 그러나 내가 해보지도 못한 것들에 대한 후회는 생각보다 훨씬 오래 남았다.

당신이 맛있는 초콜릿과 맛없는 초콜릿이 섞인 상자를 받았다고 가정해보자. 어떤 초콜릿부터 먹겠는가? 끝까지 맛있는 초콜릿을 남겨두면 마지막 하나를 남겨두고 행복할 수는 있다. 그런데 중간에 초콜릿 상자를 누가 빼앗아버리면 어떻게 될까? 마지막 초콜릿의 황홀한 맛은 끝내 알지 못한 채 아쉬움이 크게 남을 것이다. 삶은 유한하다. 시도하지 않고 머뭇거리는 게 미덕은 아니라는 말이다.

실패의 대가가 '0'이라면 누구나 시도할 수 있다

여전히 시도가 두려운 당신에게 가장 적합한 전략이 바로 슈퍼노멀 4단계 '고빈도 전략'이다. 만약 성공할 확률이 60%, 실패할 확률이 40%인 게임이 있다면 전 재산을 걸 수 있겠는가? 성공 확률이 높긴 하지만 너무 위험해 보인다. 40%의 확률로 패배하면 전 재산을 날리니까. 그런데 전 재산을 쪼개서 한 번에 만 원씩 걸 수 있다면 어떨까? 무조건 게임에 참여하는 것이 이득이다. 그런 게임이 있다면 나는 반드시 참여할 것이다. 이렇듯 '운'의 영향을 크게 받은 확률의 영역에서 여러 번 시도할 수 있다면 미래의 성공은 이미 예약된 것이나 다름없다.

영화 <엣지 오브 투모로우>의 주인공 빌 케이지(톰 크루즈 분)는 죽음을 맞는 순간 특정 시점에서 되살아난다. 외계 생명체와 전쟁 중인 지구를 구하기 위해 고군분투하는 그는 실패가 확실해지는 순간 스스로 죽음을 택한다. 어차피 되살아날 것을 알기 때문이다. 즉, 죽음의 대가가 사실상 '0'에 수렴하니 죽음이 두렵지 않아진 것이다. 그는 이런 식으로 시행착오와 학습을 거치며 점점 더 강력해진다.

사업 한 번에 목숨 걸 필요 없다. 빌 케이지처럼 실패해도 다시 살아날 수 있다면 지치지 않고 다시 시도할 수 있다. 이것은 부富의 매트리스가 없는 노멀에게 매우 적합한 전략이다.

새로운 눈으로 세상을
볼 때만이 우리는
세상을 재창조할 수 있다.

― 피터 틸, 블레이크 매스터스
『제로 투 원』 저자

5단계
고성과를 일반화한다

SUPER NORMAL

신기하게도 슈퍼노멀 프로세스를 따라 하다 보면 불필요한 불평불만이 사라진다는 사실을 깨달을 것이다.

나를 꼭 한번 만나고 싶다며 인스타 DM을 준 분들을 직접 만난 적이 있다. 그들에게 약간의 도움이라도 되기를 바라면서, 내가 성공의 비결이라고 믿는 슈퍼노멀 프로세스*에 대해 귀띔해주기도 했다. 고맙게도 그들 중 몇몇은 시간이 흐른 뒤에 내게 이런 DM을 보내주었다.

---

* '슈퍼노멀'이라는 용어 자체는 이 책을 쓰며 만들었다.

안○○

그동안 피디님 강의 빠지지 않고 라이브 방송, 다시 보기를 보고 있는데 피디님 덕분에 인생이 많이 바뀐 것 같습니다. 최근 구독자 수 4만 5천명이 되었고 애드센스 수익 100만 원을 얻었습니다. 앞으로도 더 노력할게요! 너무 감사드립니다.

정말요? 축하드려요!

피디님 강의 빼놓지 않고 다 봤어요. 유튜브 라이브도요! 아직은 너무 어설프고 배울 게 많지만, 피디님 계속해서 따라간다면 더 좋은 성과가 있을 것이라 생각합니다.

김○○

피디님! 지난번 라이브 방송 때 피드백해주신 내용, 제 사업에 잘 적용하고 있습니다. 책을 보고 골프를 연구해서 영상으로 올리고 있고요. 3주 만에 영상 3개로 오늘부터 수익 나기 시작했습니다!

ㅎㅎ 축하드려요!

피디님 강의에서 아이디어를 얻었어요. 다른 채널에서 영상 업로드하며 쌓은 노하우를 골프 채널에 그대로 적용했더니 효과가 나네요! 정말 감사드립니다.

J○○

〈신사임당〉 창업 다마고치 영상 덕분에 대학교 다니면서 스마트스토어 시작했고요. 벌써 온라인 쇼핑몰 2022년 매출 11억 달성했네요. :)

인생이 많이 바뀌었습니다.

감사합니다.

저도 앞으로 건물주 될 때까지 열심히 해보려고요!

파이팅!

태○○

대표님이 하라는 대로만 했어요!

2주 만에!!

정말 감사드립니다!!

오오, 정말 잘됐습니다!

피디님께 배운 노하우를 인스타그램에 접목했습니다. 저는 1월 다이어트를 시작했고, 피디님 강의에서 배운 대로 다이어트 전의 모습과 전체 과정을 인스타 계정에 업로드하기 시작했어요. 그랬더니 3개월 만에 채널이 급성장해서, 지금은 팔로워 5만 명을 바라보고 있습니다. 인스타그램 계정 성장 속도가 엄청 빨라요. 정말 감사합니다.

'도움을 받았다'며 고마움을 전해 온 메시지를 그냥 눈에 보이는 대로 캡처해보았다. 감사하게도 지금도 수많은 인스타그램 DM이 오고 있다.

슈퍼노멀 프로세스를 따라가다 보면 지금 내가 처한 상황을 불평할 시간이 없다. 유튜브 구독자가 100명이면 어떤가? 100명으로도 수익을 내고 있는 사람이 있다. 당장 돈이 없으면 어떤가? 작은 돈을 불려 부자가 된 사람들이 넘쳐난다. 인맥이 없으면 어떤가? 별다른 인맥 없이 자신의 영향력을 넓혀가는 사람은 널리고 널렸다! 나와 비슷한 상황에서 '돌연변이' 같은 성과를 낸 사람을 찾아다니느라 불평할 겨를이 없다.

또한 더 이상 운이 나쁘다며 움츠러들거나 세상을 원망할 필요가 없어진다. '돌연변이'를 찾은 뒤에는 이를 모방하기 위한 전체 프로세스를 정리하고, 각 단계가 '확률'의 영역인지 아니면 '실력'의 영역인지를 구분하느라 딴생각할 시간이 없으니까. 이때 한번 쌓은 실력은 사라지지 않으니 무슨 일이 있어도 실력을 키워보기로 한다. 배우고 익히면 성공 확률도 높아진다. 한편 운이 따라줘야만 하는 영역이라면 비용을 줄여 여러 번 시도하는 게 최선이다.

어떤가? 프로세스를 그대로 따라 했을 뿐인데 조금씩 좋은 성과가 나기 시작한다. 그리고 이제 그 눈부신 성과를 내는 일을 일상으로 만들어갈 시간이다.

🎯 **슈퍼노멀 5단계 법칙**

높은 성과를 일반화한다!
결과물의 최젓값이 올라갔다면
이제 다음 단계로 나아갈 시간이다

잠을 줄이지 말고 직원을 고용하라

돌연변이를 복제하고, 운과 실력의 요소를 분해하고, 직접 온몸으로 뛰어들어 성과를 내고 나면 일단 기분은 좋다. 유튜브 구독자 1만 명 채널이 10만 명으로 늘어나고, 스마트스토어 월 매출이 1천만 원에서 수천만 원으로 '점프'하는 순간, 그야말로 성공의 짜릿함을 느끼게 될 것이다. 그러나 끝없이 성장을 추구하다 보면 결코 피할 수 없는 정체 구간이 나오기 마련이다. 바로 '슬럼프'다. 그럼 성장을 추구하지 않고 제자리에 머물러 있으면 괜찮을까? 아니다. 성장 없이 현상 유지를 위해 발버둥 치는 마지막에는 '번 아웃'이 기다리고 있다.

슬럼프는 상대적으로 좋은 신호다. 누구나 겪는 현상이라는 점만 깨닫는다면 긍정적인 신호로 받아들일 수 있다. 슬럼프를 겪지 않는 사람은 없으니 이렇게 생각해버리는 건 어떨까?

'내가 이렇게 힘들다니… 남들도 엄청나게 힘들겠군.
경쟁자가 반은 떨어져 나갔겠다.'

슬럼프 구간에서 빠져나오려면 절대 포기하지 말아야 한다. 정체 구간을 극복하기 위해 다시 성장의 해상도를 높일 시간이다. 물론 한층 성장한 지금은 이전과 상황이 조금 다르다. 온통 수많은 스케줄로 가득 차 있어서, 생각할 수 있는 물리적 시간이 절대적으로 부족하기 때문이다. 그렇다고 해서 잠을 줄이는 선택을 하면 절대 안 된다. 건강은 무엇과도 바꿀 수 없지 않은가. 자, 이제 답은 하나다. '확률의 영역'을 도맡아줄 직원을 고용해야 한다!

"아니, 확률의 영역에서는 비용을 낮추라더니 이제 와서 직원을 뽑으라고요?"

이런 의문을 가질지도 모르겠다. 비용을 들여서라도 확률의 영역을 도맡아줄 직원을 채용해야 하는 이유가 있다. 확률의 영역에서 성공하려면 빈도를 높여서 여러 번 시도해야 하는데, 직원이 이 일을 효율적으로 맡아줄 수 있기 때문이다. 직원은 내가 만들어놓은 매뉴얼에 따라 '반복 시도'를 하고 고객과의 접점을 늘려갈 것이다. 직원이 이 일을 맡아주면 나에게도 한결 여유가 생긴다.

이제 내가 남은 시간을 잘 활용하는 일만 남았다. 나머지 프로세스를 더욱 깊이 들여다보고, 무엇보다 새로운 돌연변이를 계속 찾아내야 한다. 국내에서 찾을 수 없다면 해외시장으로 눈을 돌려도 좋다.

반복 성공을 위한 매뉴얼을 만들자

확률의 영역을 직원에게 위임했고, 또다시 돌연변이를 찾아냈다. 그리고 한 걸음 더 성장했다면 이제 무엇을 해야할까? 내가 지금까지 걸어온 길을 기록한 뒤 프로세스를 정립하고 매뉴얼을 만든다. 결국에는 다른 단계까지 모두 타인에게 위임해야 한다. 우리에게는 어떤 사람이 필요할까?

1. 돌연변이를 찾아내는 팀

우리 팀이 갖고 있는 핑곗거리, 즉 제약 요인을 알아내고 시장을 조사하는 일을 맡는다. 그런데 제약 요인이란 사업이 성장하면서 달라지게 마련이다. 해당 팀은 바뀐 제약 요인 그리고 더 이상 제약 요인이 아닌 것들을 구분해낸다. 또한 더 이상 우리보다 높은 퍼포먼스를 내고 있지 않은 돌연변이를 참고 대상에서 제외하고, 더 뛰어난 돌연변이를 찾는 작업을 주 업무로 삼는다. 이 팀은 새로운 아이디어를 팀에 주입하며 성장을 주도하게 된다. 관찰력과 창의성이 뛰어난 사람이 해당 업무에 적합하다.

2. 분해하는 팀

돌연변이의 특별한 요소를 어떻게 우리 팀에 적용할 것인지 가설을 세우고, 검증하고, 이를 실현하는 데 투입되는 비용 대비 이득을 계산해내는 일을 맡는다. 이러한 전체 과정을 우리 팀에 맞게 적용하는 데 최적화된 사람이어야 한다. 계산에 능하고 객관적이며 우리 팀에 대한 객관적인 시선을 가진 사람이 이 업무에 적합하다.

3. 실력의 영역을 책임지는 팀

실력의 영역은 경력직을 채용하는 편이 가장 빠르다. 지금껏 돌연변이의 피상적인 모습만 보고 만들어온 우리 팀의 프로세스에 '빠진 이빨'을 채워 넣어주고 업무 퀄리티를 끌어올릴 사람이 필요하다. 여기에는 대기업 출신의 경력직이 적합할 확률이 높다. 한편 이들은 신입사원을 자신의 수준으로 끌어올릴 수 있도록 '업무 가이드'를 만드는 역할도 맡는다. 실력의 영역은 학습을 통해 끌어올릴 수 있으므로 이들이 만든 업무 가이드를 통해 조직이 균형적으로 발전할 것이다. 매우 중추적인 역할을 맡고 있다는 점에서 이들의 연봉이 가장 높을 확률이 크다.

4. 확률의 영역을 책임지는 팀

'누가 하느냐'보다 '몇 번 하느냐'가 더 중요한 영역. 그러므로 '최소 비용'이 덕목이 된다. 확률의 영역에서는 고용에 따른 비용을 낮추는 것이 중요하므로, 신입사원이나 인턴 또는 아르바이트에게 해당 업무를 맡기는 편이 효율적이다. 이때 업무 프로세스를 최대한 단순화하여 최저 비용으로 대량 빈도를 뽑아내는 데 목표를 둔다. 신입사원은 해당 업무를 수행하며 성실성을 기르고 시장 보는 눈을 키우게 될 것이다.

확률의 영역에서는 신입사원 1명과 경력직 직원 1명의 성과가 비슷할 수밖에 없다. 그러므로 이 자리에 굳이 경력직 직원을 채용하는 것은 큰 실수이다. 확률의 영역에서는 시도의 빈도와 높은 수준의 성실성, 낮은 비용이 중요하다는 사실을 염두에 둔다.

슈퍼노멀의 길에 가까워지는 방법은 단순하다.

그래서 어렵다.

슈퍼노멀의 길을 응원한다.

빠르게 실패하고
빠르게 성공하라

슈퍼노멀로 가는 길에 게으른 완벽주의자는 필요 없다

슈퍼노멀 프로세스의 적용 효과를 극대화하는 방법, 즉 빠르게 성과를 내는 아주 좋은 방법이 있다. 간단하다. 빠르게 내 잠재 고객의 피드백을 확인하면 된다.

'게으른 완벽주의자'라는 말이 있다. 완벽한 계획이 짜여 있지 않으면 시작조차 하지 않는 이들을 말한다. 사실 게으른 게 아니라 완벽함을 추구하는 사람들이라고 한다. 완벽함을 추구하다 보니 게으른 것처럼 보일 뿐이라는 항변이다. '게으르다'는 평가를 좋아하는 사람은 없지만, 여기에 '완벽주의자'라는 단어가 붙으면 그럴싸하게 들린다.

게으른 완벽주의자는 우리 주위에 흔하다. 본인이 생각하는 '완벽한 결과물'을 만들어내기 전까지 상사에게 보고를 하지 않는 신입사원이 있다고 해보자. 일을 완벽하게 해내겠다는 직원의 진심을 의심하지는 않지만, 상사를 만족시키기는 쉽지 않을 것이다. 직원 혼자 오랫동안 시간을 끌고 고민한다고 해서 크게 달라지는 게 없기 때문이다. 오히려 중간에 여러 번 상사에게 보고하고 피드백을 자주 받는 편이 더욱 좋은 결과를 만들어낼 수 있다. 우리는 '작은 성과'를 '반복적으로' 성취해내며 성장하려는 사람들이다. 그러므로 슈퍼노멀 프로세스를 적용할 때는 피드백 또한 빠르게 받아들이고 다음 시도에 적극적으로 반영하는 편이 훨씬 효과적이다.

빠른 시도와 빠른 실패, 그리고 작은 성공이 살길이다

나 또한 빠른 피드백을 통해 프로젝트의 성장 속도를 극대화하는 전략을 자주 활용한다. 예를 들어, 유튜브 채널에서 새로운 프로그램을 기획할 때는 꼭 커뮤니티 기능을 열어두고 영상의 기획 방향과 아이디어를 올려서 구독자의 반응을 확인했다. 내 채널의 커뮤니티 기능까지 읽는 이들이라면 '핵심 고객'이자 '진짜 구독자'라고 할 수 있다. 이 핵심 고객의 댓글 반응, 즉 피드백을 확인한 뒤 영상으로 만들면 실패 확률을 줄일 수 있다. 〈신사임당〉 채널에서 선풍적인 인기를 끌었던 부동산 웹드라마 콘텐츠도 이러한 방식으로 만들어졌다.

기업에서도 잠재 고객의 피드백을 빠르게 반영하여 성과를 높인다. 한 온라인 강의 플랫폼은 강의를 본격적으로 출시하기 전에 강사를 미리 섭외하여 커리큘럼을 짜고 홍보 영상을 만드는 작업부터 실행한다. 그다음 홍보 영상의 광고를 집행하여 잠재 고객의 호응도를 분석한다. 그런 뒤 호응도가 높은 강의에 자원을 집중 투여하여 강의를 출시하는 방식이다.

빠른 시도-빠른 실패-빠른 반영

평범한 노멀에게도 '빠른 피드백 반영'이라는 성공의 핵심 원리는 그대로 적용된다. 원하는 만큼의 유튜브 조회 수가 나오지 않는가? 클릭을 유도할 만큼 매력적인 제목으로 바꿔보자. 아니면 원고를 재미있게 다듬어보자.

그래도 아니면 섬네일을 다른 방향으로 디자인해보자. 아니, 아예 다른 주제의 영상을 만들어보자. 망설이지 말고 빠르게 시도한 뒤에 고객, 즉 구독자의 반응을 확인하는 편이 낫다.

"내가 말이야, 일단 하면 잘하는데 완벽주의자라 실행을 빠르게 하지 않을 뿐이야. 무슨 일을 하든 생각이 너무 많아서…"

아니다. 생각만 하는 것은 아무런 의미가 없다. 게으른 완벽주의자는 절대 슈퍼노멀이 될 수 없다.

3부

SUPER

슈퍼노멀,
그 이상을
넘보다

NORMAL

전혀 '말랑'하거나 재미있지 않은 책을 여기까지 읽어낸 당신에게 먼저 박수를 보낸다. 당신이 원하는 그것이 무엇이든 반드시 손에 쥐게 되리라 믿는다. 무엇보다 쉽게 단념하지 않고 끈질기게 견뎌내는 '끈기'를 지닌 사람이기 때문이다. 슈퍼노멀의 길은 매우 단순하다. 끈기 있게 관찰하여 돌연변이를 찾아내고, 치열하게 분해해보고, 실력을 쌓으며 여러 번 시도하다 보면, 분명 당신의 삶이 변화할 것임을 믿어 의심치 않는다.

이번에는 내가 감히 슈퍼노멀이 된 당신의 미래를 예측해보겠다. 단기간에 부를 얻은 슈퍼노멀에게는 인생이 은근히 길게 느껴질지도 모른다. 나 또한 그랬다. 〈신사임당〉 유튜브 채널을 매각한 뒤에는 이 정도 자산으로 편하게 '잘 먹고 잘살' 수 있을 것 같다는 생각에 마음이 부푼 적도 있다. 그러나 그런 생각도 아주 잠시, 내 꿈은 생각보다 크고 인생은 길었다. 이 정도의 안락함 속에 머무르는 것을 그 누구도 아닌 나 자신이 허락하지 않았다.

아마 당신도 마찬가지일 것이다. 한 달 수입이 300만 원에서 1천만 원으로 늘어나고, 자산이 2~3억에서 20~30억으로 늘어난다면 어떨까? 아마 이렇게 이야기할 것이다.

"뭐 더 없나? 이게 전부야?"

더 성장하고 싶은 당신에게는 그다음 프로세스가 필요하다. 앞서간 자들의 성과에서 실마리를 찾아 빠르게 성장하는 슈퍼노멀 프로세스는 그 자체로 필연적인 한계가 있기 때문이다. 바로 '누구나 따라 할 수 있다'는 점이다. 쫓아가는 입장에서는 최고의 장점이지만, 앞서나가는 시점부터는 고통이 된다. 피 터지는 경쟁 속에서 살아남기 위해 이제부터는 나만의 길을 만들어가야 한다.

그렇다면 다음 단계는 어떻게 밟아나가야 할까? 슈퍼노멀 그 이후의 과정에 대해 지금까지 내가 찾은 세 가지 실마리를 여러분과 공유하고 싶다. 나보다 먼저 답을 찾는다면 나에게도 알려주길 바란다. 나 역시 당신과 함께 슈퍼노멀을 넘어서고 싶다.

첫 번째 실마리
조직의 수준(레벨)을 높여라

SUPER NORMAL

우리는 지금껏 슈퍼노멀이 되기 위해 열심히 '분해'했다. 공정을 하나에서 열까지 세세하게 나누고, 각 과정을 또 분해했다. 운과 실력의 영역으로 나눠 여러 번 도전하고, 열심히 배워 성장해왔다. 그런데 문제가 생겼다. 나뿐만 아니라 모두가 이렇게 분해하고 익혀 내 뒤를 마짝 쫓아오고 있다는 점이다.

내 뒤를 쫓아오는 경쟁자들을 뿌리치는 방법은 간단하다. 그들보다 앞서나가면 된다. 누군가 내 뒤를 두 걸음 쫓아왔다면, 세 걸음 앞서면 그만이다. 이제부터 우리는 남들보다 앞서나가기 위해 노력해야 한다. 앞서가는 조직을 만드는 방법 두 가지를 제안한다.

① 앞서나가는 조직은 빠르게 소통한다

경쟁자를 제치려면 모든 단계에서 '속도'를 높여야 한다. 그러나 성장을 거듭하는 조직의 덩치가 커지면 내부 구성원 간의 커뮤니케이션 속도는 필연적으로 느려질 수밖에 없다. 이로 인해 결정하는 데 시간이 걸리고 실행이 늦어진다. 그 결과 성장이 더뎌지는 불상사를 막으려면 커뮤니케이션 속도를 비약적으로 높여야 한다. 이를 해결하는 방법 중 하나는 (이미 분해한) 복잡해 보이는 프로세스를 하나의 단어로 간단명료하게 표현하는 것이다.

'개념'이라는 말이 추상적으로 들릴 수 있으니 예시를 하나 살펴보자. 어느 날 팀장이 팀원들에게 이런 메시지를 보낸다.

"오늘 2시, 콘셉트 회의 진행합니다."

그러자 모든 팀원이 일사분란하게 각자의 업무를 맡아 회의 준비를 시작한다. 사원 A는 회의실을 예약하고, 사원 B는 회의 자료를 출력하고, 사원 C는 브리핑을 위해 발표 자료를 최종 점검한다. 팀장이 누가 무엇을 해야 하는지 세세한 업무 지시를 하지 않았는데도 '콘셉트 회의'라는 말에 팀원들은 각자 맡은 바를 충실히 이행하고 있다. 이미 팀 내에서 '콘셉트 회의'라는 개념이 합의되어 있기 때문이다. 콘셉트 회의, 단 다섯 글자에 팀원들의 생각과 행동이 빠르게 정리되었다. 이렇듯 여러 개념을 묶어 새로운 단어로 만들어내면 실행에 옮기기까지의 시간을 크게 줄일 수 있다.

효율적인 커뮤니케이션을 위해서는 직원들 모두가 내부에서 합의한 단어의 의미를 제대로 이해하고 실행 순서와 역할을 파악하고 있어야 한다. 따라서 조직 차원에서 이를 위한 교육이 필요하다. 또한 각자 맡은 부분에 대해 실수가 없도록 제 역할을 다해야 한다. 이 역시 회사가 내부 구성원을 어떻게 교육하고 성장시키는가에 달려 있다.

나 또한 우리 팀에 이러한 커뮤니케이션 방식을 적용하

고 있다. 어느 날 내가 "우리 다음 주까지 '키key 콘텐츠' 1개 만들어야 돼." 하고 이야기했다고 해보자. 우리 팀은 어떻게 움직일까?

(목표)

키 콘텐츠를 만들자!

(실행)

① 유튜브로 상품을 판매하기 위해 외부 상품을 소싱Sourcing

② 그 상품을 판매하기 위한 상세 페이지 제작

③ 해당 상세 페이지에 URL을 추출하여 유튜브 영상에 첫 번째 고정 댓글 작성

④ 이를 홍보하는 영상을 만들어서 채널에 업로드

이렇듯 여러 단계의 과정이 '키 콘텐츠'라는 하나의 단어에 담겨 있다. 내가 세세하게 분해한 과정을 하나의 단어로 명명하여 팀 내에 공유함으로써 모두의 커뮤니케이션 처리 속도가 빨라진 것이다. 빠른 커뮤니케이션은 빠른 실행을, 그리고 빠른 성과와 성공을 불러오게 마련이

다. 이는 뇌를 최적화하고 한정된 뇌 사용량을 늘리는 방법이기도 하다.

앞서 나는 노멀에서 슈퍼노멀로 가기 위해 반드시 '분해'하는 과정이 필요하다고 강조한 바 있다. 내가 하려는 작업의 전체 과정을 세분화하고 매뉴얼로 만들 줄 알아야 리더로 성장할 수 있기 때문이다. 그러나 리더가 된 이후에는 다시 분해한 개념을 묶고 팀원들의 합의를 빠르게 이끌어내며 커뮤니케이션 속도를 높이는 과정이 필요하다. 이는 조직의 수준을 한 단계 끌어올리는 가장 기본적인 방법이다.

② 전문가의 눈으로 빈틈을 채워라

조직의 수준을 올리는 두 번째 방법은 전문가의 눈을 빌리는 것이다. 전문가의 눈을 빌린다는 것은 전문가의 눈높이에서 현상을 바라본다는 뜻이다. 전문가 수준으로 내 눈높이를 높이면, 그것만으로도 현상을 보는 관점이 달라진다. 또한 '빠진 이빨', 즉 내가 미처 알아차리지 못한 문제점까지 찾아낼 수 있게 된다.

나는 몇 달 전부터 수영을 배우면서 이 '눈높이'의 중요성을 깨달았다. 운동 겸 취미로 가볍게 시작했지만 나중에는 특유의 승부욕 때문에 더욱 잘하고 싶어졌다. 유튜브에서 수영 관련 내용을 찾아보고 물어보기도 하면서 팔의 각도를 바꿔보고, 저항을 덜 받는 모양을 따라 해보고, 턴을 제대로 익히려고 했지만 여전히 내 페이스는 엉망진창이었다. 그런데 내 고민을 가만히 듣고 있던 친한 후배가 이렇게 이야기하는 게 아닌가.

"에이, 그건 동네 수영장에서나 통하는 거죠."

후배는 '동네 수영장론'을 펼쳤다. 수영을 썩 잘하는 정도를 원한다면 지금 동네 수영장에서도 충분히 가능하지만 그 이상으로 잘하고 싶다면 '노는 물'을 바꿔야 한다는 얘기였다. 그러면서 내 기록을 높이는 방법을 제대로 가르쳐줄 수 있는 강사와 시설이 있는 곳에 가야 한다고 강조했다. 나는 후배의 조언을 받아들여, 제법 비싼 돈을 내고 국가대표 선수들도 훈련하러 온다는 시설에서 정교한 코칭을 받아보기로 했다. 결과는 성공이었다. 속도도 올라가고 들이는 힘도 매우 많이 줄어들었다. 이러한 경험을 통해 수준을 높이려면 내 수준을 한 차원 높여줄 수 있는 사람을 만나야 한다는 사실을 알게 됐다.

나는 후배의 '동네 수영장론'을 사업에도 적용해보기로 했다. 그러자 가장 먼저 달라진 건 인재 채용 기준이었다. 예전에는 지원자의 전문성이나 능력보다 의지와 열정을 먼저 봤다면, 지금은 우리 팀이 가지고 있지 않은 부분에서 뛰어난 전문성이 있는 사람을 채용하려고 노력한다.

사업 초기에 지원자의 전문성은 내게 첫 번째 기준이 아니었다. 당시 인재 채용의 목표는 '내가 만들어놓은 프로세스를 충실히 따라줄 직원'을 채용하는 것이었기 때문이다. 사업 초기에는 특별한 성과를 안정적으로 반복 성공시키는 것이 중요하다. 그때는 한 분야의 '스페셜리스트'보다 프로세스를 충실히 이행할 나 같은 '노멀'이 필요하다. 그러나 사업이 궤도에 오르고 슈퍼노멀이 된 뒤에는 다르다. 이때는 탁월한 전문성과 독창적인 시선을 통해 반복되는 프로세스에서 허점을 발견하고 개선할 수 있는 인재가 간절해진다. 한마디로 우리 팀이 갖추지 못한 능력을 가진 사람을 채용하는 데 집중해야 한다.

유튜브 영상을 만드는 우리 팀을 한번 살펴보자. 초반에 나는 영상 주제 선정부터 촬영 원고 작성, 섬네일 제작, 게스트 섭외까지 혼자서 도맡았다. 채널 구독자가 10만 명이 넘어서는 시점에는 내가 하는 수준까지 원고를 작성하고, 섬네일을 만들어주고, 게스트 섭외를 책임지는 직원이 필요해졌다. 그때는 정립된 프로세스를 잘 따라주는 직원을 채용했으나 지금은 다르다. 원고를 가장 잘 쓰는 작가와 내게 없는 센스를 가진 영상 편집자에 초점을 두어 뽑는다. 내가 갖지 못한 무언가를 가진 사람을 채용하면서 채널 구독자 수가 다시 늘어나기 시작했다.

성장이 멈추었다면 전문가의 눈높이가 필요한 때가 아닌지 살펴보자. 어쩌면 성장에 있어서는 마음속 깊은 곳에서 슬며시 고개를 드는 '불만'이라는 불쾌한 감정이 오히려 좋은 신호일지도 모른다. 그 신호를 포착해내고 전문가의 눈으로 바라보면 생각의 차원이 달라진다.

두 번째 실마리
네트워크를 구축하라

SUPER NORMAL

나는 2015년부터 장사를 시작했다. 본격적으로 스마트스토어에 뛰어든 2017년, 당시 월 매출은 7천만 원 정도였다. 직장인 월급과 비교하면 상당히 큰 액수지만, 스마트스토어를 운영하는 다른 이들과 비교하면 연 매출 8억 원 정도는 그리 크지 않은 액수였다. 그럼에도 불구하고 나는 아마도 당시 가장 유명한 온라인 스토어 판매자 중 하나였을 것이다. 평범한 수준의 매출을 올리는 온라인 스토어 판매자가 어떻게 유명해졌을까?

정답은 바로 '네트워크'다. 그즈음 나는 유튜브 채널

〈신사임당〉 운영에 박차를 가하고 있었다. 유튜브라는 플랫폼 안에서 조금씩 영향력이 커지면서 내 이름 또한 덩달아 유명해졌다. 만약 유튜브라는 플랫폼이 우리나라에서 영향력을 키우지 못하고 소리 소문 없이 사라졌다면, 내 영향력이 지금과 같이 커질 수 있었을까? 나는 이때의 경험으로 한 가지 진리를 깨달았다. 사람, 브랜드, 회사, 상품, 프로젝트… 그것이 무엇이든 연결된 네트워크의 크기가 성공의 크기를 좌지우지하는 가장 중요한 요소라는 점이다.

나는 네트워크가 슈퍼노멀의 이후를 결정짓는 거대한 요소라는 사실을 깨달았다. 도대체 네트워크란 무엇이고, 성공하려면 이를 어떻게 활용해야 할까?

네트워크는 더 빠른 성공, 더 큰 성공의 지름길이다

나는 현재 유튜브를 포함해 블로그, 카카오뷰, 네이버포스트, 인스타그램, 네이버TV 등 다양한 플랫폼에서 활동하

고 있다. 그뿐 아니라 새로운 SNS 플랫폼인 '스레드'에서
도 활발히 소통하는 중이다. 내가 다양한 플랫폼에 꽤 많
은 시간을 들이며 꾸준히 콘텐츠를 발행하는 이유는 단 하
나다. 각각의 네트워크에서 내 영향력의 크기를 키우기 위
해서다. 분명 이 중 일부 플랫폼은 예전의 유튜브와 같이
폭발적으로 성장할 것이다. 그렇다면 해당 네트워크와 연
결되어 있는 주언규 또한 함께 급성장하는 기회를 얻게 된
다. 이처럼 네트워크를 제대로 활용하면 그 안에서 나의
영향력을 키워 사회적 성공을 이루기가 수월해진다.

'복잡계 네트워크 이론'을 만든 노스이스턴대학 교수
알버트 바라바시Albert Barabasi의 한 언론 인터뷰에 주목해
보자. 그는 별다를 것 없어 보이는 '성과'와 '성공'이라는
단어에는 의미 차이가 있다고 주장했다. 성과는 개인적인
능력에 따른 결과물이므로 매우 객관적이지만, 성공은 사
회가 성과를 어느 정도 인정해주느냐에 달려 있으므로 주
관적인 요소 또한 크다는 것이다. 한마디로 성공과 '네트
워크'는 떼려야 뗄 수 없다는 주장이다. 알버트 바라바시
는 자신의 저서 『포뮬러』(한국경제신문, 2019)에 '네트워크'
의 필요성을 보여주는 구체적인 사례로 성과를 평가하기

어려운 예술 분야를 예로 든다. 그는 연구를 통해 예술 분야에서 성공을 만드는 가장 큰 요소가 네트워크임을 밝혔다. 여기서 네트워크란 미술관과 박물관, 갤러리 사이의 연결망을 뜻하는데, 그는 특정 예술인이 어떤 갤러리에서 전시를 시작하느냐에 따라 20년 정도 성공이 늦춰지거나 앞당겨질 수 있다고 이야기했다.

분명 성과가 있어야 성공할 수 있다. 그러나 성과만 있다고 모두 성공할 수 있는 것은 아니다. 이미 슈퍼노멀로서 성과를 만들어냈다면 네트워크의 중요성을 간과해서는 안 된다. 힘 있는 네트워크 내부에서 영향력을 키움으로써 우리는 더 빠르게, 더 큰 성공에 가까워질 것이다. 이 때부터 우리의 성공은 덧셈을 넘어선 곱셈의 영역에 이르게 된다.

내가 만든 네트워크에서
내 편을 뛰어놀게 하라

앞서 설명했듯이 나는 그동안 다양한 네트워크에서 영향

력을 키우고자 노력해왔다. 최근에는 더 나아가 '나를 중심으로 한 네트워크를 만들 수는 없는지'를 고민하게 되었다. 이는 1인 기업으로 시작하고 직원을 채용하면서 본질적인 한계에 맞닥뜨렸기 때문이다.

처음에 직원을 채용할 때는 '나 같은 사람이 딱 한 명만 더 있었으면 좋겠다'는 생각만 간절했다. 나를 그대로 복제한 사람이 한 명 더 있다면 내가 만들어내는 성과의 두 배를 거둘 수 있다. 세 명이면 성과는 세 배가, 네 명이면 네 배가 될 것이다. 그래서 사업이 성장하면 더 큰 성과를 내기 위해 시스템과 프로세스를 만들고, 나의 성과를 그대로 복제해줄 직원을 채용하려는 것이다. 이 프로세스를 누구보다 잘 이해하고, 실행하는 '똑똑이' 직원이 많을수록 사업은 번창한다.

그런데 사업이 안정적인 성장 궤도에 오르고, 꾸준히 성과를 내기 시작하면 아이러니하게도 나 같은 사장님들은 새로운 고민에 빠진다. 바로 똑똑이 직원들의 이탈이다. 뛰어난 직원은 필연적으로 퇴사하여 자신의 사업을 구축하기 위해 애쓰기 때문이다. 물론 이는 한탄할 일이 전혀 아니다. 고유한 개체인 인간은 결국 '자신의 것'을 만들고 싶은 욕망을 버릴 수 없기 때문이다. 자신의 것을 하고 싶은 욕망을 실천하는 것, 즉 자아실현이 인간의 본질적 욕구 중 하나가 아니던가.

어느 순간부터 나는 이러한 지점을 고민하기 시작했다. 높은 수준의 성과급이나 연봉, 복지로도 '나의 것'을 만들고 싶은 인간의 근원적 욕망을 막을 수는 없다. 그럼 회사를 무한정 키우며 직원을 채용하는 것만으로는 지속적이고 안정적인 성과를 낼 수 없을 것이다. 어떻게 해야 할까? 나는 고민 끝에 새로운 시도를 해보기로 결정했다.

자발적으로 내 편이 되는 네트워크를 구축하자.

즉, 타인의 욕망이 나를 위해 일하게 하는 생태계를 구축하자.

막기 힘든 '똑똑이 직원'의 독립과 나를 뛰어넘는 사람들이 계속해서 늘어나는 이 문제를 해결하는 방법은 무엇일까? 나는 이 멋진 사람들을 내 편으로 만들기로 했다. 그들이 자연스럽게 내 편이 되는 시스템을 구축하는 것이다. 이는 각자의 욕망과 이기심을 최대한으로 활용하는 방법이다.

추상적으로 느껴지는 '네트워크 구축'이라는 개념을 하나의 예시를 통해 살펴보자. 최근에 나는 〈유튜브 스터디 그룹〉이라는 네이버카페를 개설하고 '인생은 팀플레이'라는 프로젝트를 함께하기 시작했다. 카페 회원들은 최소한의 규칙 아래 이곳에서 자발적으로 모임을 갖는다. 자기계발을 도모하는 회원들은 모여 좋은 자료를 공유하며 서로를 응원한다. 그러다 보면 수많은 모임 가운데 유독 두드러진 결과물을 발표하는 팀이 생기게 마련이다. 나는 그 팀의 리더를 내 유튜브 채널에서 인터뷰하며 자연스레 그에게 영향력을 부여한다. '인생은 팀플레이'의 리더 출신이라는 것만으로도 자연스럽게 나와의 네트워크가 형성되는 셈이다. 그러는 사이 카페 규모는 점점 더 커지고 영향력을 갖게 된다.

이러한 과정에 '통제'나 '지시'는 없다. 오로지 개인의 욕망이 윤활유가 되어 작동하는 시스템이다. 자기계발을 하고 싶다는 욕망, 유명해지고 싶다는 욕망이 이곳으로 사람들을 불러 모을 뿐이다. 모두 자발적으로 더 성과를 내는 1인이 되기 위해 노력하는 사이, 자연스럽게 나와 그들 간에 네트워크가 형성된다. 이러한 네트워크 구축의 핵심은 '자발성'이다. 각자의 욕망을 위한 노력이 결국 나를 포함한 모두의 이익으로 이어지게 만들어야 한다. 내가 잘되면 그들이 잘되고, 그들이 잘되면 나도 잘되는 선순환 구조를 만들어야 한다는 말이다. 사람들이 자발적으로 네트워크에 즐겁게 참여하고 기여하며 그들의 욕망을 실현하는 와중에 나 또한 이익을 얻을 수 있다.

한편 자발성을 유지하기 위해서는 생태계에 최소한의 '룰', 즉 규칙을 부여하되 관리자가 통제하거나 관리하지 않아야 한다. '인생은 팀플레이' 운영진 역시 개별 모임의 진행 방식에 세세하게 관여하지 않는다. 그들이 개인의 욕망을 펼치며 자생할 수 있도록 판을 깔아주는 것이 관리자의 역할이다.

매력적인 네트워크 구축을 위한
네 가지 요소

당신이 아주 멋진 계획 아래 네트워크를 구상했다고 해보자. 사람을 모으고 유튜브 채널과 인스타그램을 운영하는 것은 어쩌면 매우 기본적인 활동이다. 당신이 만들어놓은 네트워크 안에서 더 많은 이들이 뛰어놀게 하고 싶지 않은가? 네트워크를 폭발적 크기로 성장시키기 위해서는 네트워크 자체가 매력적이어야 한다. 참여자에게 어떤 방식으로든 이익을 줄 수 있어야 한다는 말이다. 매력적인 네트워크의 특징을 네 가지로 분류해볼 수 있다.

① 새로운 영감과 기회를 제공하는 네트워크

네트워크 연결망 안에서 참여자가 계속해서 영감과 기회를 얻을 수 있어야 한다. 이때 가장 중요한 것은 참여자 간의 협업이다. 서로 협업할 수 있도록 소통 창구를 마련하는 것은 물론이고, 구성원들이 스스로 협업의 기회를 만들 수 있는 구조를 만들어야 한다. 구성원 간의 협업이 늘어날수록 네트워크는 성장할 것이다. '고여 있는' 네트워크는 이용자에게 큰 매력이 없다.

② 정보가 원활히 공유되는 네트워크

네트워크 참여자가 스스로 나서서 정보를 확산시키는 구조를 만들어야 한다. 그 안에서 양질의 정보가 수시로 공유될수록 좋고, 네트워크 밖에서도 원활히 확산된다면 금상첨화다. 그렇게 구성원들이 지식과 경험을 나눌수록 네트워크의 가치는 더욱 높아진다. 양질의 정보 공유를 기반으로 한 네트워크는 곧 외부 사람들까지 흡수할 수밖에 없다. 많은 이들이 '검색' 등의 방식을 통해 우리 네트워크로 유입될 것이다. 대표적인 형태가 '네이버카페'다.

③ 좋은 자원을 공유하고 서로 돕는 네트워크

네트워크 참여자의 입장에서 생각해보면, 서로 양질의 자원을 주고받으며 상부상조하는 네트워크는 좀처럼 이탈할 마음을 먹기 어렵다. 이러한 효과를 노리려면 네트워크에 속한 사람들끼리 자신의 생생한 경험과 자금 부족을 해결할 수 있는 방법 등 고차원의 정보를 거리낌 없이 공유할 수 있도록 판을 깔아주어야 한다. 즉, 구성원들이 서로를 도우며 성장하는 시스템을 구축하는 것이다. 네트워크 안에서 성공에 필요한 자원을 더욱 쉽게 얻을 수 있고 성장할 수 있는 기회가 크다고 판단되면 사람들은 절대로 네크워크를 벗어날 생각을 하지 않는다. 이는 네트워크 성장에 가장 중요한 기반이 된다.

④ 같은 목적을 가진 사람들끼리 모이는 네트워크

중구난방으로 무조건 많은 사람을 모아둔다고 해서 네트워크가 폭발적으로 성장하지는 않는다. 무엇보다 같은 목적을 가진 이들이 모였을 때 그 사회적 연결에서 그야말로 '시너지'가 나온다. 참여자들이 서로 아이디어와 비전을 공유하고 전파하면서 네트워크는 더욱 공고해지기 마련이다. 그들이 네트워크 안에서 경제적·사회적 영향력을 키우고 성장할수록 네트워크의 수준도 덩달아 높아질 것이다. 기억하라. 무작정 많은 사람을 모으는 데 집중하지 말고, '한 가지 목적'에 집중한 이들을 한데 모아 네트워크를 구축하는 데 온 힘을 다해야 한다.

'빨리 가려면 혼자 가고, 멀리 가려면 함께 가라.'

요즘 이 유명한 격언이 옳다는 사실을 더욱 실감하고 있다. 나 혼자 '슈퍼 히어로'가 되어 세상 위에 군림하기란 불가능해 보인다. 그러나 수많은 '슈퍼노멀'들과 함께 멀리 갈 수는 있다. 잘 갖춰진 네트워크 안에서 각자 자신의 욕망을 위해 뛰어다니는 사이에 서로가 서로에게 새로운 가능성을 열어줄 것이다. 지금 이 순간에도 나는 어떠한 충격에도 무너지지 않기 위해 '어떻게 함께 갈 수 있을 것인가'를 고민하고 있다.

세 번째 실마리
이질적인 요소를 융합하라

자본주의사회에서 시장을 점유하기 위한 생산자들의 노력은 눈물겹다. 자고 일어나면 경쟁자들이 새로운 콘텐츠, 서비스, 제품을 앞다투어 내놓는 시대다. 모든 것이 포화 상태인 지금, 어떻게 하면 나의 것을 더욱 차별화할 수 있을까? 나는 '융합'에 그 답이 있다고 생각한다. 이질적인 두 가지 요소를 섞어서 새로운 무언가를 만들어내는 방식이다.

구매자의 충성도가 매우 높은 아이폰의 첫 시작을 살펴보자. 아이팟이 처음으로 세상에 등장했던 2002년에 미국

인들은 휴대전화, 업무용 휴대전화 블랙베리, MP3 플레이어를 따로따로 들고 다녔다. 이를 포착해낸 스티브 잡스는 5년 뒤인 2007년, 모든 기기를 하나의 기기에 담아내는 새로운 개념의 휴대전화를 출시하기에 이른다. 이것이 카메라, GPS, 무선인터넷, 전화까지 모두 가능한 아이폰의 시작이다. 아이폰은 스티브 잡스의 공언대로 세상을 바꿨다. 이렇듯 '섞으면 성공한다'는 단순한 명제를 참이되게 만드는 사례는 얼마든지 찾아낼 수 있다.

'스티브 잡스'의 '애플'이니까 가능한 일을 어떻게 우리가 해내느냐고? 맞는 말이다! 우리 같은 노멀은 스티브 잡스만큼 비상한 두뇌의 소유자도 아니고, 애플만큼의 인적·물적 자원도 갖고 있지 않다. 그렇다고 해서 현재 내가 갖고 있는 것을 과소평가할 필요는 없다. 내가 소유한 인적·물적 자원을 최대한 동원하여 섞어보자. 이때 '전혀 어울리지 않을 것처럼 보이는 몇 가지'를 융합하는 것이 핵심이다. 참고로 나는 유튜브라는 레드오션 시장에서 살아남기 위해 이 전략을 활용했다. 융합의 매력을 보여주는 예를 한번 들어보겠다.

예시 1 : 핵심 메시지를 나열하는 동기 부여 영상

왜 포기하나요? 왜 실패를 두려워하나요? 절대 포기하지 말고, 작은 실패를 반복하세요. 그래야 성공합니다. 수많은 도전의 끝에는 반드시 성공이 당신을 기다리고 있을 겁니다.

예시 2 : 수학적으로 구독자를 설득하는 동기 부여 영상

(수학적 이야기) 여러분, 주사위 '6'이 나오면 이기는 게임을 한다고 가정해봅시다. 한 번 던져서 6이 나올 확률은 16.7%니까 단번에 성공하기는 그리 쉽지 않겠네요. 여러분은 단 한 번의 주사위 게임에 전 재산을 걸 수 있나요? 아마 손이 덜덜 떨릴 겁니다. 자, 그럼 이렇게 생각해보죠. 주사위 던지는 횟수를 100번으로 늘려보는 거예요. 던지는 횟수를 늘릴수록 6이 나올 확률은 100%에 가까워집니다.

(본론) 성공의 비결은 여기에 있습니다. 여러 번 시도할 수 있다면 더 이상 실패가 두렵지 않죠. 한 번에 나의 모든 것을 걸지 말고, 자원을 나누어 작은 시도를 해봅시다.

예시 1과 같이 핵심 메시지와 명언을 반복해서 늘어놓

는 콘텐츠는 그다지 새롭게 느껴지지 않는다. 웅장한 배경음악을 깔아놓고 열정 가득한 외국인들의 사진을 차례로 내보내는 영상은 흔하다. 나는 이미 포화 상태인 콘텐츠를 복제하는 대신, 예시 2와 같이 수학적 사고와 동기부여 메시지를 융합해 더욱 설득력 있는 콘텐츠를 만들어 내는 데 집중했고 예상대로 좋은 반응을 얻었다.

이렇듯 때로는 두 가지 아이디어를 섞는 것만으로도 차별화가 가능하다. 내 책상 위에는 금융공학, 수학, 과학 서적이 가득한데, 이렇듯 다른 분야의 책들을 읽는 것만으로도 상당한 지적 자본을 확보할 수 있다. 새로운 무언가를 만들어내고 싶은가? 그렇다면 뒤섞어라. 생각보다 놀라운 성과를 얻을 수 있다.

무엇을 선택하든
당신이 옳다

금수저, 천재도 아닌 평범한 우리가 이 세상에서 성공이라는 일종의 '반란'을 일으키고자 여기까지 달려왔다. 슈퍼노멀이 되는 5단계 프로세스는 물론, 그 너머의 세상에서 살아남기 위한 방법까지 함께 고민해보았다. 이제 나는 더 이상 나눌 것이 없다. 앞으로 내게 남은 일은 당신을 응원하는 일이다. 성공하고자 하는 그 열망 하나로 달려온 당신, 지금부터는 그 누구보다도 자기 자신을 신뢰했으면 한다. 다른 누군가가 해냈다면 당신도 분명 해낼 수 있다.

나는 무엇보다도 당신의 행복을 간절히 바란다. 어딘가에서 멈춘다고 해도 당신이 옳고, 한계를 두지 않고 자신을 괴롭히기로 결정했다고 해도 당신이 맞다. 다만 당신은 언제든 더 멀리, 더 높이 갈 수 있다는 말은 꼭 해주고 싶었다. 그러나 굳은 결심 뒤에는 모든 것을 한순간에 집어삼킬 수 있는 의심이 따르게 마련이다.

과연 내가 할 수 있을까?

주언규라서 해낸 거 아닐까?

괜히 도전했다가 실패하면 어떡하지?

하루에도 수십 번씩 상념이 떠올랐다가 사라질 것이다. 의심과 걱정, 노파심이 당신을 내내 따라다니며 괴롭힐 것이다. 나 역시 그랬다. 고백하자면 지금 이 순간에도 그렇다. 그러나 당신은 할 수 있다.

누구도 당신을 믿지 않는다 해도

내가 당신을 믿는다.

당신은 능히 해낼 수 있는 사람이다.

슈퍼노멀

초판 1쇄 발행 2023년 8월 30일
초판 5쇄 발행 2024년 2월 5일

지은이 주언규

발행인 이봉주 단행본사업본부장 신동해
편집장 조한나 기획편집 전해인 윤지윤
교정교열 남은영
마케팅 최혜진 이은미 홍보 허지호
디자인 studio forb 제작 정석훈

브랜드 웅진지식하우스
주소 경기도 파주시 회동길 20
문의전화 031-956-7356(편집) 02-3670-1123(마케팅)

홈페이지 www.wjbooks.co.kr
인스타그램 www.instagram.com/woongjin_readers
페이스북 www.facebook.com/woongjinreaders
블로그 blog.naver.com/wj_booking

발행처 (주)웅진씽크빅
출판신고 1980년 3월 29일 제 406-2007-000046호
ⓒ 주언규, 2023
ISBN 978-89-01-27437-9 (03190)